<u>dtv</u>

Ingo Schulze

Tasso im Irrenhaus

Drei Erzählungen

dtv

Der Autor dankt Matthias Bormuth, Julian Heynen und Pia Müller-Tamm
für Anregungen und Unterstützung.

Für »Das Deutschlandgerät« war Jurek Beckers zweite Frankfurter
Poetikvorlesung »Warnung vor dem Schriftsteller« vom 30. Mai 1989 wichtig.
»Tasso im Irrenhaus« enthält Zitate aus Essays von Friedrich Dürrenmatt
und Peter Bichsel. Formulierungen aus den Aktionen und Schriften
von Johannes Grützke fanden Eingang in »Die Vorlesung«.

»Das Deutschlandgerät« erschien erstmals in *Sprache im technischen Zeitalter* 50,
2012. »Tasso im Irrenhaus« erschien als »Ein Tag in der Schweiz« in *Lautmalerei
und Wortbilder II*, 2010. »Die Vorlesung oder Besuch beim Maler –
Dramolett in einem Aufzug für mindestens sieben Spieler« in *Offener
Horizont – Jahrbuch der Karl Jaspers-Gesellschaft* 3, 2016. Der Autor hat die Texte
für die vorliegende Ausgabe überarbeitet (»Das Deutschlandgerät«,
»Tasso im Irrenhaus«) oder umgeschrieben (»Die Vorlesung«).

Das Zitat aus Baudelaires »Auf das Gemälde ›Tasso im Gefängnis‹ von Eugène
Delacroix« auf Seite 96 ist der Übersetzung von Friedhelm Kemp entnommen
(Charles Baudelaire, *Die Blumen des Bösen. Les Fleurs du Mal.*
Vollständige zweisprachige Ausgabe. dtv: München ¹⁴2016, S. 347).

Ausführliche Informationen über
unsere Autorinnen und Autoren und ihre Bücher
finden Sie unter www.dtv.de

Originalausgabe
© 2021 dtv Verlagsgesellschaft mbH & Co. KG, München
Gesetzt aus der Adobe Caslon
Satz: Greiner & Reichel, Köln
Druck und Bindung: CPI books GmbH, Leck
Gedruckt auf säurefreiem, chlorfrei gebleichtem Papier
Printed in Germany · ISBN 978-3-423-28239-0

Das Deutschlandgerät

Das Deutschlandgerät

Brief an eine Museumsdirektorin

Für Thomas Fritz

Liebe Frau ***,

es tut mir leid, dass ich Sie in die unangenehme Situation gebracht habe, mich mahnen zu müssen. Unsere Abmachung habe ich keineswegs vergessen, im Gegenteil, sie beschäftigt mich mehr, als mir lieb ist. Ich muss Ihnen sogar gestehen, vorsätzlich gehandelt, also das Niederschreiben dieser Zeilen hinausgezögert zu haben. Es waren nicht nur andere Aufgaben (oder meine Faulheit oder meine Angst, der Sache nicht gewachsen zu sein), die die Einlösung meines Versprechens hinauszögerten. Als ich Ihren Brief das erste Mal las, also Ihre Einladung, etwas über *Das Deutschlandgerät* zu schreiben, war ich mir sicher, dass dies auf Anregung von B.C. geschehe. Mir fiel erst gar nicht auf, dass Sie ihn mit keinem Wort erwähnten. Als Sie mir dann am Telefon gestanden, ihn nicht persönlich, ja eigentlich nur dem Namen nach zu kennen, hegte ich sogar einen gewissen Groll gegen Sie, weil Sie nichts von Ihrem passioniertesten Museumsbesucher wussten (ein lächerlicher Vorwurf, ich weiß) und seine Bücher nicht gelesen hatten (auch das lässt sich ja niemandem vorwerfen). Anders gesagt, ich war enttäuscht, dass alles nur ein Zufall sein sollte.

Natürlich kann man es auch ganz anders sehen: Zwei kunstsinnige Menschen wie Sie und B.C., die beide in Düsseldorf leben, lieben eben auch dasselbe dort ausgestellte Kunstwerk. Ich war Ihnen zutiefst dankbar, dass Sie meiner Bitte entsprachen, den Artikel über *Das Deutschlandgerät* B.C. anzutragen. Erst jetzt, nach seinem Tod, habe ich manches erfahren, von dem ich mir gewünscht hätte, es bereits vorher gewusst zu haben.

Nun, da der Auftrag sozusagen an mich zurückgefallen ist, muss ich Ihnen sagen, dass ich über *Das Deutschlandgerät* nicht schreiben kann, ohne auch von B.C. zu berichten – und von Elzbieta Kühn (andersherum müsste ich, wollte ich von den beiden erzählen, auch von diesem Kunstwerk sprechen). Warum das so ist, will ich im Folgenden zu erklären versuchen. Sie müssen dann entscheiden, ob es für Ihre Zwecke tauglich ist oder nicht.

Ich weiß nicht, ob Sie ermessen können, welchen Rang oder, besser gesagt, welchen Status B.C. besaß, als ich zum ersten Mal von ihm hörte. Ich war sechzehn, als ich *Gezeiten* in die Hand bekam, geborgt für ein paar Tage von einer Mitschülerin, eingeschlagen in Zeitungspapier der Dresdner Tageszeitung *Die Union*. Den 1975 bei Aufbau erschienenen Band lesen zu dürfen, der ja sein einziges Buch im Osten bleiben sollte, kam einer Initiation gleich. Ja allein die Existenz dieses Buches, das offenkundig die Hürden der Zensur passiert haben musste, erschien mir ungeheuerlich, so ungeheuerlich wie Brechts *Buckower Elegien*, die in der Vitrine zwischen den beiden Klassenräumen für den Literaturunterricht lagen. Aufgeschlagen war ausgerechnet jene Seite mit dem Gedicht zum 17. Juni »Die Lösung«.

Damals musste man kein Leser sein, um zu wissen, wer B.C. war und dass er einige Monate im Gefängnis gesessen hatte und

8

dass diese Haftstrafe dem, was man im Osten das »Ansehen der DDR« nannte, furchtbar geschadet hatte. Und nun durfte ich tatsächlich etwas von jenem B.C. lesen (und hätte, wäre ich in der Schule mit seinem Buch erwischt worden, nicht mal etwas Verbotenes getan, denn es war ja bei uns erschienen). Ich begriff gerade so viel davon – oder gerade so wenig –, dass die bewundernde Distanz zu seinem Namen und seinem Buch gewahrt blieb. Mache ich mich verständlich? Ich war überzeugt gewesen, die geheime Botschaft des Buches nicht entdeckt zu haben, für das Eigentliche noch nicht reif zu sein. Mir blieb vor allem sein Tonfall in Erinnerung. Ich war im Grunde sogar enttäuscht, weil von dem Staatssicherheitsmann so selbstverständlich gesprochen wurde wie von allen anderen Figuren, er war überhaupt nicht kritischer dargestellt. Das schob ich natürlich auf die Zensur. Trotzdem hatte in meinen Augen jemand, der ein Buch wie *Gezeiten* schreibt, sich nicht den Mund verbieten lässt, der ins Gefängnis geworfen wird, der sich weigert, die DDR zu verlassen, und gegen seinen Willen in den Westen abgeschoben wird, wo er nun endlich und verdientermaßen als Schriftstellerdissident gefeiert wird, alles richtig gemacht. Auch ich würde mich dereinst so aufrecht und untadelig verhalten, wenn ich nur erst mal ein Buch wie *Gezeiten* zu Wege gebracht haben würde.

Im Juli 1996 begegnete ich B.C. zum ersten Mal persönlich. Wir sollten in der Akademie der Künste in Berlin die sogenannten »Sommerlesungen« eröffnen. Ich, der Debütant vom letzten Herbst, war als Lückenbüßer erst ein paar Tage zuvor eingeladen worden und saß nun plötzlich neben B.C. und einem dritten, dessen Name nichts zur Sache tut, an einem Tisch und vor demselben Publikum. B.C. hatte mich mit einem kurzen Nicken be-

9

grüßt, so wie man eben den Gruß eines Unbekannten erwidert. Ich weiß noch, dass er als Erster las, was mich befremdete, denn eigentlich beschließt ja der Prominenteste die Lesung. B.C. sagte »Guten Abend« und entschuldigte sich beim Publikum für die Begrüßung der Moderatorin – sie habe den »verehrten Damen und Herren« für deren »*zahlreiches* Erscheinen« gedankt. Man könne nur für das Erscheinen danken, das wolle er gern tun, darüber freue er sich, aber »zahlreich« könne nun mal niemand erscheinen, selbst bei größter Anstrengung nicht. Einige klatschten.

Im nächsten Atemzug bedankte sich B.C. bei der Zerknirschung demonstrierenden Moderatorin für die schöne Einführung und kündigte an, nun aus einem Manuskript zu lesen, aus dem vielleicht einmal eine Art Autobiografie entstehen könnte. Er begann nach einer kurzen Pause, in der er dem Klang einer imaginären Stimmgabel zu lauschen schien, seinen Text vorzutragen. B.C. las langsam, übertrieben langsam, als fürchtete er, mit weniger Achtsamkeit die Wörter nicht auf den ihnen bestimmten Platz setzen zu können. Insbesondere fiel das bei den Dialogen auf, Wortwechsel, die oft nur aus zwei oder drei Einsilbern bestanden. Er beschrieb – seine Familie hatte in der Nachkriegszeit am Stadtrand von Chemnitz gewohnt –, wie er als Junge den Besuch eines fremden Mannes, der sein Vater sein sollte, erlebt hatte. Erst nach mehreren Wochen war er bereit gewesen, mit diesem Mann zu reden, obgleich er ihm nicht unsympathisch war, sich nicht aufdrängte, ihm und seinen Geschwistern Zeit ließ und vorsichtig um sie warb. Es wäre mit diesem Fremden alles in Ordnung gewesen, hätte er nicht den Anspruch gehabt, der Vater zu sein. Der Junge wollte keinen Vater mehr.

Über Väter hatte er nicht viel Gutes gehört. Trotzdem gewinnt der Vater das Vertrauen seines Sohnes. Doch gerade als sich der Sohn entschieden hat, als letztes der Geschwister den Vater zu akzeptieren, verschwindet dieser spurlos. Und es bleibt offen, ob er sich einfach nur aus dem Staub gemacht hat, ob er dazu genötigt wurde oder ob man ihn »abgeholt« hat.

Wenn ich meiner Erinnerung glauben darf, dann war das, was mich eigentlich an diesem Ausschnitt faszinierte, die Perspektive des Erzählers. Es gab keinen Ich-Erzähler, wie man ihn bei einer Autobiografie erwartet. Er sprach von sich, doch war er dabei distanziert, als beobachte er sich selbst mit den Augen dieses Fremden.

Ich saß neben B.C. und applaudierte ihm, wie man so sagt, aus ganzem Herzen. Ich war ihm dankbar für diese Seiten, für diese klare und einfache Prosa, die so bildhaft und eingängig war. Man glaubte nicht, dass dieser Autor auch die *Gezeiten* geschrieben hatte, so anders klang er hier.

Ich sollte nach ihm lesen. Die Moderatorin verwischte allein dadurch, dass sie mich vorstellte und lange darüber sinnierte, warum deutsche Literatur und Unterhaltsamkeit so lange nicht zusammengefunden hätten und erst eine Generation jüngerer Autoren auf den Plan habe treten müssen, um breite Leserkreise für die deutsche Literatur zurückzugewinnen, die Wirkung von B.C.s Vortrag. Im Grunde setzte ihr Gerede B.C. herab. Während sie sprach, ließ sie ihn allerdings kaum aus den Augen, als ginge es ihr allein um die Wirkung auf ihn.

Ich las wohl noch schneller als sonst, vielleicht weil ich das Gefühl nicht loswurde, die falsche Geschichte ausgewählt und mehr an das Publikum als an meinen Nachbarn gedacht zu haben. Ich prüfte mich selbst mit den Augen von B.C. und bemerkte nun, wie geradezu simpel meine Geschichte gestrickt war, die sich als einfache Steigerung abspulte. Die Lacher aus dem Publikum, die mir normalerweise Sicherheit verliehen, bewirkten nun das Gegenteil. B.C., so fürchtete ich, könnte darin nur Anbiederung sehen. Und je mehr sich das Publikum amüsierte, desto härter würde sein Urteil ausfallen. Als ich dann neben mir ein Lachen, ein glucksendes, fast kindliches Lachen vernahm, wäre ich beinah der Versuchung erlegen, meine Lesung zu unterbrechen, um mir den Urheber dieses Lachens anzusehen. Aus den Augenwinkeln bemerkte ich schließlich, wie sich der Oberkörper meines Nachbarn bewegte, ja wie er vom Lachen regelrecht geschüttelt wurde. B.C. lachte! Und es war kein höhnisches Lachen. Ich war wie befreit. Und zugleich enttäuscht. Sollte es so leicht sein, B.C. zum Lachen zu bringen? Die letzten Seiten trug ich halbwegs entspannt und wohl auch langsamer vor, was meinem Text guttat.

Nachdem auch der Dritte im Bunde gelesen und die Moderatorin das Publikum gebeten hatte, noch einmal für uns drei zu applaudieren, reichte ich B.C. mein Exemplar von *Gezeiten*, dessen Schutzumschlag mehrfach mit Tesafilm geklebt war.

»Sie haben schon begriffen, wie man es macht«, sagte er und nickte in Richtung derer, die mit meinem Buch in der Hand vor unserem Tisch warteten. »Man muss vorlesen, was vorrätig ist.« Er sagte das nicht bitter, sondern als habe er erst soeben diese Erkenntnis gewonnen.

»Es gibt ja nur dieses Buch von mir«, rechtfertigte ich mich. Während ich signierte, blätterte er in meinem *Gezeiten*-Exemplar – es gab darin etliche mit Bleistift markierte Passagen. Er sah erst auf, als ihn ein Mann in meinem Alter um ein Autogramm bat – für die Taschenbuchausgabe seiner Essays und Reden mit dem Gerhard-Altenbourg-Holzschnitt auf dem Cover. B.C. war Linkshänder und schrieb mit Kuli.

Elzbieta Kühn, B.C.s Frau, hatte ich schon unmittelbar nach der Lesung bemerkt, freilich ohne zu wissen, wer sie ist. Sie war ein paar Schritte vor unserem Tisch stehen geblieben. Ich dachte, sie wolle etwas fragen, sobald wir die Signierwünsche erfüllt hätten. Deshalb sah ich sie erwartungsvoll an, als nur noch sie vor uns verharrte. Elzbieta jedoch rührte sich nicht von der Stelle. Erst als B.C. mir mein Exemplar von *Gezeiten* zurückgab, trat sie heran. Sie wirkte älter als er, zumindest auf den ersten Blick. Dachte man sich ihre Augenringe weg, verschwand dieser Eindruck sofort.

Ich dankte B.C. für das signierte Buch, wagte aber nicht, in seiner Gegenwart hineinzusehen. Ich sagte, wie sehr es mich freue, ihn persönlich kennenzulernen, es sei eine Ehre für mich, in seiner Gegenwart vorlesen zu dürfen.

»Hat es dir gefallen?«, fragte er Elzbieta. Sie nickte. »Kommen Sie uns doch mal besuchen«, sagte B.C. Er reichte mir die Hand und bat seine Frau um eine Visitenkarte. »Elzbieta«, sagte er entschuldigend, »hat eine Praxis, und die öffnet jeden Morgen früh um acht.«

»Um sieben Uhr dreißig«, verbesserte sie.

»Um sieben Uhr dreißig«, wiederholte er.

Obwohl ich meinen Vater noch nie besucht hatte, erwähnte ich ihn. Er lebte mit seiner neuen Familie schon seit ihrer »Republikflucht« 1977 in Düsseldorf.

»Melden Sie sich«, sagte B.C., »wenn Sie in der Nähe sind.«

Ich war beinah erleichtert, dass die beiden sich so schnell anschickten zu gehen. Denn was hätte mir im Gespräch mit B.C. noch Schöneres widerfahren können, als von ihm nach Hause eingeladen zu werden? Die Moderatorin beteuerte, sie werde nie wieder für »zahlreiches Erscheinen« danken, was wiederum bei B.C. eine Art von Selbstbezichtigung auslöste. Manchmal wisse er schon kurz darauf nicht mehr, warum ihn der Hafer steche. Sie solle es ihm nicht nachtragen. Mit dem dritten Vorleser wechselte er noch ein paar Worte, die beiden duzten sich. Dann folgte er seiner Frau zum Ausgang.

Mit der Moderatorin und zwei Kollegenfreunden des anderen Schriftstellers saß ich danach in einem Gartenlokal unweit der Akademie zusammen. Aus naheliegenden Gründen muss ich mich bei der Schilderung dieser Runde zurückhalten. Heute wünschte ich, ich wäre gleich nach Hause gegangen, hätte ein Buch für B.C. signiert und es ihm geschickt.

Obwohl die drei Kollegen beteuerten, vor B.C. Respekt zu haben, zogen sie über ihn her. Das Gespräch wäre wohl anders verlaufen, wäre die Moderatorin nicht dabei gewesen. Meine älteren Kollegen begannen, auf geradezu pubertäre Art und Weise um sie zu buhlen. Und dabei – ich weiß, das klingt paradox – schien ihnen niemand so sehr im Weg zu stehen wie B.C.

Sie machten sich über seine Berichtigung der Begrüßung lustig, seine geradezu manisch zu nennende Kritik des Sprachgebrauchs, die seine neueste Macke sei. Sie ahmten sein langsames Vorlesen samt der Pausen nach. Weil die Moderatorin ihn verteidigte, kam sogar Häme ins Spiel. Früher sei bei B.C.s Lesungen die Bude rammelvoll gewesen. »Wenn man nur alle paar Jahre so ein schmales Buch herausbringt …«, begann unser Mitleser, ohne den Satz zu beenden. Stattdessen wandte er sich abrupt mir zu:»Du hast mit deinem ersten Buch viel mehr verdient als er mit seinen letzten drei zusammen.« Die Bemerkungen meiner älteren Kollegen griffen wie Zahnräder ineinander. Die Moderatorin schwieg und ich wand mich. Mir war diese offensichtliche Schmeichelei peinlich, aber sie verfehlte nicht ihre Wirkung. Es berauschte mich, neben B. C. gestellt zu werden, ja über ihn. Und das merkten sie.

»Damals war B. C. ein Dissident«, fuhr unser Mitleser fort,»jeder kannte ihn! Aber wenn du so weiterleben willst wie damals, so auf großem Fuß, brauchst du eine, die dich durchfüttert.«

Und wie hältst du es damit?, wollte ich fragen. Wer füttert dich durch? Aber ich schwieg, während er und die anderen jetzt erst richtig in Fahrt kamen.

»Neureiches Düsseldorfer Bürgertum, unsere Elzbieta. Sie hat ihn sich geangelt, ihren Hauspoeten.« Ihr Gesicht, meinten sie, nehme immer mehr den Ausdruck eines Vogels an, unklar sei nur, ob es in Richtung Käuzchen oder Habicht mutiere. Doch ganz gleich ob Habicht oder Käuzchen, bei Elzbieta habe B. C. zu parieren. Unter ihrer Obhut habe er seinen Antrieb und seine Eigenständigkeit verloren, denn er bekomme ja sowieso alles, was er wolle. Sage er aber mal eine Lesung zu, dann zerre sie ihn gleich wieder nach Hause wie einen unerzogenen Hund. Trotz ihres vielen Geldes würden sie knausern und mit dem Auto fahren, weil sie dann noch an der Kilometerpauschale verdienten und Elzbietas Zugticket sparten.

Meine Kollegen sagten es schärfer, gemeiner, und sie hatten weitere Beispiele zur Hand. Elzbieta gebe auch den politischen Ton vor, den B. C. nachzusingen habe. Mit Geld im Hintergrund könne man sich offenbar jede politische Meinung leisten, selbst solche postrevolutionären Attitüden, die schon vor zehn Jahren zum Gähnen gewesen seien.

Ich wusste nicht, worauf sie dabei anspielten. Elzbietas Visitenkarte in der Brusttasche, fühlte ich mich wie ein Verräter, weil ich schwieg. Nein, ich *war* ein Verräter! Sie hatten meine Eitelkeit geweckt. War denn die Anzahl der verkauften Bücher wirklich gleichbedeutend mit dem Ansehen und der Popularität eines Autors? Ich widersprach ihnen, nahm es dann aber schweigend hin, als sie mich zu widerlegen suchten. Stimmte es etwa nicht, dass B.C. von seiner Frau umgehend nach Hause verfrachtet worden war? Offenbar bestand tatsächlich eine gewisse Abhängigkeit von ihr.

Die Moderatorin kehrte, nachdem sie auf die Toilette gegangen war, gar nicht mehr an unseren Tisch zurück. Sie zahlte an der Theke, winkte nur kurz zu uns herüber und verschwand. Mehr als über ihre Flucht schien man an unserem Tisch darüber verärgert zu sein, die Rechnung nun selbst zahlen zu müssen.

Als ich zu Hause mein Exemplar der *Gezeiten* aufschlug, war ich zunächst enttäuscht, weil B.C. zwischen meinen Namen und seine Unterschrift nur ein »herzlichst« gesetzt hatte, darunter Ort und Datum. Seine Schrift war so klein und krakelig, dass ich schon Mühe hatte, »herzlichst« zu entziffern. Dafür fand sich auf der nächsten Seite eine lustige Zeichnung, drei Strichmännchen an einem Tisch und in so bewegter Haltung, als würden sie singen. Darunter stand gut lesbar: »Nicht mehr ganz mein Buch.«

Was nun folgt, kann ich noch weniger erklären als mein Schweigen in der Tischrunde. Ich hatte mir vorgenommen, mein

Buch an B.C. zu schicken, seine Bücher noch einmal zu lesen und ihn möglichst bald zu besuchen. Aus dieser Begegnung würde dann wie von selbst ein Briefwechsel entstehen. Ich würde ihm begründen, warum *Gezeiten* ein großes Buch sei und er nicht den leisesten Zweifel daran haben müsse. In meiner Vorstellung hatten wir plötzlich die Rollen getauscht. Ich, der mehr als er verkauft hatte, war es nun, der ihn, den in Selbstzweifel verstrickten Kollegen, ermutigte. Ich würde ihm vorschlagen, gemeinsam zu lesen, ja gemeinsam ein paar Tage auf Tour zu gehen. Gemeinsam mit mir könnte er dann die Abende verbringen, befreit von Elzbietas Aufsicht. Doch ich rührte mich nicht. Sooft ich daran dachte, fiel mir keine geeignete Widmung ein. Und je länger ich zögerte, desto schwieriger wurde es, zwei angemessene Zeilen zu finden. Schließlich zweifelte ich, ob ich es überhaupt tun sollte. Wäre B.C. tatsächlich an mir interessiert gewesen, hätte er mein Buch ja kaufen können.

Als ich meine erste Lesung in Düsseldorf hatte, waren zwei Jahre seit unserem Treffen vergangen. Noch in den Tagen davor war ich überzeugt gewesen, ihn anrufen und zu meiner Lesung einladen zu müssen. Er brauchte ja nicht zu kommen, aber ich hätte ihm eine Gelegenheit geboten, seine Einladung zu erneuern. Am Tag der Lesung fasste ich den Entschluss, dass es genug sei, mich mit meinem Vater zu treffen, den hatte ich schließlich über zwanzig Jahre nicht gesehen.

Von B.C. war in der Zwischenzeit nichts erschienen, ich hingegen hatte mein zweites Buch veröffentlicht und war wieder auf Lesereise. Und ich weiß noch, dass ich überschlug, nun bald halb so viele Bücher wie er zu haben, gemessen in Seiten vielleicht sogar schon mehr als die Hälfte.

Ein paar Monate später, im März 1999, kurz nach Beginn des Kosovokrieges, erschien in der *Frankfurter Allgemeinen* ein Artikel von B.C., in dem er sehr sachlich, ja geradezu im Protokollstil schilderte, wie es zu diesem Krieg gekommen war. Ich weiß noch, dass ich beim Lesen bis zum letzten Satz nicht wusste, worauf er eigentlich hinauswollte. Dabei hätte man bei bestimmten Worten hellhörig werden müssen. Er sprach von »Scheinverhandlungen«, von den Scheinverhandlungen von Rambouillet, und forderte, den gesamten Vertrag endlich offenzulegen. Nur der letzte Satz verriet seine kalte Wut, in der dieser Artikel abgefasst war: »Jeder deutsche Politiker, der diesen Krieg befürwortet, muss sein Mandat verlieren.«

Ich ärgerte mich darüber. Besser handeln als nicht handeln, besser eingreifen und sich damit auch die Hände schmutzig machen, als zu sagen, das geht uns nichts an. Natürlich müsse man Milošević seine Grenzen zeigen und die Albaner schützen. Ich war damals selbst noch ein Befürworter des Einsatzes. Deshalb weckte dieser Artikel einen gewissen Unwillen gegen B.C. in mir. Zwei oder drei Wochen später hörte ich den Schluss eines Interviews von B.C. im *Deutschlandfunk*, während ich mit einem Freund zusammen im Auto fuhr. B.C. sagte, dass die Nato die Städte der Opposition bombardiere, in Novi Sad und Belgrad regierten ja schon die Milošević-Gegner. Jede Bombe stärke Milošević. Er sprach von der Dummheit und Arroganz des Westens. Der letzte Satz seines Artikels war auch der letzte Satz seines Interviews.

Jener Freund – ich weiß heute nicht mehr, ob wir noch Freunde sind – sagte, dass B.C. nichts Neues mehr einfalle und er wohl wieder von den Kommunisten regiert werden wolle, denn diese seien ja jetzt die Einzigen, die seiner Meinung nach ihr Mandat nicht niederzulegen brauchten. B.C., so fuhr er fort, habe seinen Bedeutungsverlust als Dissident nicht verkraftet und sehne sich nach seiner alten Rolle zurück. Oder wie solle man sein notorisches Querulantentum sonst deuten? Ich will mich nicht in Details verlieren, doch letztlich sind es ebendiese verächtlichen Urteile, die das Bild eines Menschen in der Öffentlichkeit bestimmen. Noch heute machen mich solche Kommentare sprachlos, gerade dann, wenn sie von Menschen kommen, die einem einstmals nahe gewesen sind.

Vor meinem einzigen Besuch bei B.C. im April 2009 hatten wir uns insgesamt vier Mal gesehen: Bei der ersten Begegnung in Berlin, zum zweiten Mal in Freiburg bei den Literaturtagen, dann beim Poetenfest in Erlangen – er stellte zusammen mit Lehmann, der sein vierzigjähriges Verlagsjubiläum feierte, seine Bücher als Sonderausgabe in einem einzigen Band vor, was mit einem Eklat endete –, schließlich liefen wir uns nur ein paar Wochen später auf dem Frankfurter Hauptbahnhof über den Weg, das war 2005.

In Freiburg hatte ich mich ihm mit schlechtem Gewissen genähert, weil ich seiner Einladung nicht nachgekommen war. Meine Entschuldigung überhörte er und drückte mir lange und fest die Hand. Er war aufgekratzt und in geradezu leutseliger Stimmung, nachdem er die Literaturtage vor einem überfüllten Saal mit einer Lesung hatte eröffnen dürfen. Eine Dreiviertelstunde habe er signieren müssen, verkündete er stolz. Elzbieta allerdings, die ihm auch hier nicht von der Seite wich, wirkte auf mich noch distanzierter und müder als damals in Berlin.

Ich sprach mit B.C. über seine Artikel zu den Kriegen im Kosovo und in Afghanistan und darüber, wie wahrscheinlich ein

Krieg gegen den Irak mit deutscher Beteiligung sei. Er sagte, dass es zu den schmerzlichsten Erfahrungen gehöre, wenn Freundschaften aufgrund politischer Meinungsverschiedenheiten in die Brüche gingen. »Nichts erscheint einem dann so überflüssig und unnötig wie solche Diskussionen.« Wie oft habe er sich gesagt, dass es das nicht wert sei, und sich gezwungen zu schweigen. Doch mittlerweile bezeichne er sich zumindest in dieser Hinsicht als Fatalist. »Auch wenn man es nicht will, wenn man dagegen arbeitet, es geschieht doch«, sagte er. »Und dann wiederum geschehen auch Wunder, und es ist besser als je zuvor.«

In Erlangen trafen wir einander am Frühstücksbüfett. Ich war überrascht, weil ich gedacht hatte, er wäre nach dem Abend sofort abgereist. Auf der Bühne hatte er seinen Verleger Lehmann des Wortbruches bezichtigt, denn er habe ihm, B.C., zugesagt, keine Neuauflagen seiner Bücher zu veröffentlichen, was mit dieser Ausgabe aber geschehen sei, die scheußlich aussehe und noch dazu auf Löschpapier gedruckt sei, denn es wäre unmöglich, dieses Produkt mit einem Füllfederhalter zu signieren.

B.C. heimste ein paar Lacher ein, letztlich aber hatte Lehmann gute Gegenargumente und hielt am Ende sogar einen Vertrag hoch, unterschrieben von B.C. Auch ich verstand damals nicht, warum sich B.C. derart gegen die Ausgabe seiner Bücher in einem Band sträubte, noch dazu in aller Öffentlichkeit. Hatte er denn dem Auftritt nur zugestimmt, um Lehmann herunterzuputzen? In den Berichten, die ich später über Erlangen las, wurde sein Wüten gnädig übergangen.

Seine Stimmung bei dem unerwarteten Wiedersehen in Frankfurt am Main hingegen hätte nicht ausgelassener sein können. Und zum ersten Mal sahen wir uns allein. B.C. machte auf mich den Eindruck, als würde er eher jünger als älter werden. In seinem blonden Haar bemerkte man die weißen Strähnen kaum.

Wo er denn gelesen habe, fragte ich ihn. »Nirgendwo«, rief er und lachte. Ich könne mir das Reisen wohl nur noch als Lesereise vorstellen? Er sei in einer Ausstellung gewesen, im Städel, und habe beschlossen, von nun an weder Lesungen anzunehmen noch etwas zu veröffentlichen. Er wisse das selbst erst seit anderthalb Stunden und ich sei somit der Erste, der es erfahre. Ich hielt das eher für eine Laune als für einen tatsächlichen Entschluss. Wir setzten uns an den Fischstand und bestellten zwei große Portionen Shrimps. Er war es, der die ganze Zeit redete und dabei von Minute zu Minute euphorischer wurde. Er erzählte von seinen Lesereisen, von einer Tour durch China, die er Mitte der achtziger Jahre mit einer ganzen Gruppe von Schriftstellern unternommen hatte. Er ahmte sie nach. Die eine, die ich kannte, traf er sehr genau. Er fragte mich, ob sich die Geschichte der letzten dreißig Jahre anhand von Lesereisen, also am Beispiel der Veränderung dessen, was man »die Rolle des Schriftstellers« nenne, darstellen ließe. Darüber zu schreiben, könne sich doch lohnen – »oder etwa nicht?«. Wir stießen mit einem von ihm ausgewählten Weißwein an. Während wir tranken, klingelte sein Handy. Er habe den Zug verpasst, sagte er sich zur Seite wendend, und müsse sich nun einen neuen suchen. Er habe sie ja anrufen wollen, nur habe er zufällig mich getroffen, er rufe zurück, sobald er wisse, wann er komme. Sein Handy an die Brust gedrückt, fragte B. C. mich, wann mein Zug fahre. Dann rief er ins Handy: »Er hat seinen Zug sausen lassen, meinetwegen!«

Er musste sich wohl einiges von Elzbieta anhören. »Du hast

21

ja recht, hast ja recht«, beteuerte er zum Schluss, als gestehe er einen Fehler ein.

»Sie holt mich immer ab«, erklärte er, streckte das linke Bein und reckte sich, um das Handy wieder in der Hosentasche zu verstauen. Seine Heiterkeit war dahin. »Wenn man einmal damit angefangen hat, kann man nicht mehr so einfach aufhören. Ich soll Sie grüßen.«

Kam es vom Alkohol oder von seiner Aufregung – am Hals und im Gesicht hatten sich rote Flecken gebildet. Er holte eine Medikamentenschachtel hervor, entnahm ihr eine halbe rosafarbene Tablette und schluckte sie. »Ich muss aufpassen«, sagte er, »nicht heiß zu laufen.«

B. C. bezahlte unsere Shrimps und den Wein und erneuerte seine Einladung. Er fragte, ob mein Vater noch immer in Düsseldorf lebe. Ich war überrascht, dass er sich das gemerkt hatte. Er brachte mich auf den Bahnsteig und lief, als sich der Zug in Bewegung setzte, noch ein paar Schritte nebenher mit, seine Umhängetasche unter dem Arm geklemmt. Ich drückte meine Stirn an die Scheibe, damit er mich hinter dem spiegelnden Glas sehen konnte.

Seine Ankündigung, nichts mehr zu veröffentlichen, nahm ich nicht ernst. Im Gespräch war er nicht darauf zurückgekommen. Zudem machte er den Eindruck, neue Buchvorhaben zu erwägen. Allerdings erschien in den folgenden Jahren tatsächlich nichts von ihm, was ich wiederum nicht ungewöhnlich fand.

Im April 2009 war ich zu einer Sonntagsmatinee ins Düsseldorfer Schauspielhaus eingeladen. Als hätte B. C. meinen Anruf erwartet, machte er mir den Vorschlag, sich um siebzehn Uhr im K21 zu treffen, im Café – er musste mir erst mal erklären, dass das

K21 ein Museum für Gegenwartskunst ist. Abends sei ich zu ihm nach Hause eingeladen. Seine klaren Vorstellungen von unserem Treffen überraschten mich. Deshalb widersprach ich nicht. Sehr viel lieber wäre ich am Samstag zu B.C. und Elzbieta Kühn gegangen und im Anschluss an die Matinee wieder nach Hause gefahren, statt eine weitere Nacht im Hotel zu verbringen. Bei der Matinee las ich gewissermaßen nur für B.C. Doch als zur Diskussion das Saallicht anging, sah ich ihn nirgendwo. Meine Augen grasten Reihe für Reihe ab, als würde ich die Zuschauer zählen, doch vergeblich. Der Moderator sagte, er habe den Eindruck, dass ich in den letzten Jahren immer wütender würde. Andererseits könne er aber nichts von dieser Empörung in der Gesellschaft entdecken, was ihn auch nicht wundere, denn eigentlich gehe es doch allen recht gut. Kurz darauf meldete sich jemand im Publikum und wollte wissen, warum wir nicht auf die Straße gingen, was wir uns denn noch alles gefallen lassen wollten. Einige klatschten.

Nachmittags besuchte ich meinen Vater. Ich war unruhig. Weil ich dann plötzlich glaubte, zu spät dran zu sein, nahm ich mir ein Taxi. Es war ein sonniger Tag. Mir wurde das erst bewusst, als ich die Besucher des Museumscafés sah, die *en famille* draußen saßen. Halb neidisch, halb sehnsüchtig betrachtete ich sie und machte B.C. im Stillen Vorwürfe, vor allem aber mir selbst. Ein gemeinsames Mittagessen in irgendeinem Restaurant wäre doch für uns angemessener gewesen.

Da ich B.C. draußen nicht fand, ging ich hinein. Hätte er nicht die Hand gehoben, wäre ich wahrscheinlich an einem der freien Tische gelandet. Das lag nicht nur an dem Dunkel des Raums, an das sich meine Augen erst gewöhnen mussten. B.C.

war schmaler geworden. Er trug auch keine Brille mehr und hatte Sportschuhe an, was überhaupt nicht zu ihm passte.

Obwohl ich mir noch im Taxi vorgenommen hatte, ihm mein jüngstes Buch gar nicht erst zu zeigen, zog ich, kaum dass ich ihm gegenübersaß, das Exemplar aus der Tasche und fragte, ob er es schon habe. Er streckte die Hand danach aus.

»Ja, ja, der Schornstein muss rauchen«, sagte er. Und als sei das noch nicht genug, reichte er mir nach einem Blick auf den Umschlag das Buch mit den Worten zurück: »Das können Sie Elzbieta schenken, sie kocht für uns, halb acht sollen wir zu Hause sein.«

Warum ließ ich mir diese Unverschämtheit gefallen? *Der Schornstein muss rauchen.* Darüber hinaus brachte er kaum ein Wort über die Lippen. Was konnte denn ich dafür, wenn ihm die Ideen ausgegangen waren? Nichts von der Freundlichkeit und Zuwendung, nichts von der Euphorie unserer letzten Begegnung entdeckte ich mehr an ihm. Ärgerte es ihn mittlerweile sogar, sich mit mir verabredet zu haben?

»Ich will Ihnen noch was zeigen, damit Sie auch etwas vom Westen gesehen haben«, sagte er und bat um die Rechnung, als mein Cappuccino kam.

Was blieb mir anderes übrig – ich stürzte den Cappuccino hinunter. Weil ich nicht mal umgerührt hatte, war der Schaum, in dem fast noch der ganze Zucker steckte, auf den Boden der Tasse gesunken. Darauf wollte ich nicht verzichten und löffelte ihn genüsslich wie eine Süßspeise, obwohl sich B. C. bereits erhoben hatte.

»Ich lasse auch nie was umkommen«, sagte er, als ich fertig war, »aber hier gilt das als unfein. Nur dass Sie es wissen.«

Machte auch ihn die Vorstellung beklommen, einen ganzen Abend miteinander verbringen zu müssen? Lassen Sie uns offen reden, wollte ich sagen. Wir können uns auch ein andermal treffen. Er war schon vorausgegangen und hielt mir die Tür auf, durch die ich nun zum ersten Mal den weißen Innenraum des Museums – Ihres Museums – betrat. Richtig müsste dieser weiße, nahezu gleißend helle Raum wohl Innenhof genannt werden, oder? In Erinnerung geblieben ist mir der Ventilator, der – ich weiß nicht mehr, woran er wie ein Pendel befestigt war – seine elliptischen Bahnen über unsere Köpfe hinweg zog. Er surrte oder brummte bedrohlich, eine riesige Hornisse, und reizte mich doch zum Lachen. B.C. würdigte ihn keines Blickes. Er strebte direkt zur Kasse, um eine Eintrittskarte für mich zu kaufen. Die großen Rundbögen, durch die sich die Stockwerke zum Innenhof hin öffnen, erweckten in mir den Eindruck, in einem übertrieben renovierten Kloster zu stehen oder in einer Opernkulisse, zumal sich in diesen Fenstern ab und an das dunkel gekleidete Aufsichtspersonal zeigte. Diese Frauen und Männer wirkten wie Nonnen und Mönche – nein, wie Statisten oder Chormitglieder, die Nonnen und Mönche darstellen sollten, deren Erscheinen unaufdringlich choreographiert war. Nur die Musik fehlte.

»Da führe ich Sie jetzt hin«, sagte B.C., deutete hinauf, dorthin, wo ein großer Kubus in den Raum ragte, und überreichte mir mit der Eintrittskarte auch einen Euro, damit ich meine Tasche in der Garderobe einschließen konnte.

Um es gleich zu gestehen, ich habe von den anderen Etagen nichts mitbekommen. Allein an die Fotografien der Bechers erinnere ich mich – und eben an die Ventilatorhornisse.

»Das ist es, was ich Ihnen zeigen wollte«, sagte B.C., als wir im zweiten Stock ankamen, »nehmen Sie sich Zeit.«

Vielleicht finden Sie als Museumsmensch sein Verhalten nicht weiter bemerkenswert. Ich sah darin zunächst nur eine weitere Anmaßung. Sie müssen bedenken, dass wir uns persönlich kaum kannten, um zu ermessen, was es heißt, wie ein Prüfling vor so ein Kunstwerk geschoben zu werden, in diese »schwarze Maschine«, wie ich es bei mir nannte.

B.C. blieb stehen, als wollte er mein Verhalten studieren. Noch heute wundere ich mich, wie folgsam ich begann, den Raum abzuschreiten und in Augenschein zu nehmen.

Der Titel gefiel mir. Aber warum sollten diese Vitrinen, in denen Fußbänke zu sehen waren, die wiederum auf vierfüßigen Metallgussgebilden schräg in der Luft gehalten wurden, *Das Deutschlandgerät* sein? Und was war das für ein Lärm, der einen bedrängte und die Scheiben der Vitrinen regelmäßig vibrieren und scheppern ließ? Dieses ganze Konstrukt hatte etwas Monströses.

Ich will keine Eulen nach Athen tragen, Sie kennen *Das Deutschlandgerät* ungleich besser. Vielleicht aber ist es für Sie von Interesse zu hören, was jemand sieht, der es zum ersten Mal begeht. Zunächst versuchte ich mich an einer ersten Bestandsaufnahme. In der Mitte des Raums befand sich ein rechteckiger Kubus mit einer Öffnung an der Schmalseite. Man hätte ihn für eine Art Nachbildung der Kaaba in Mekka halten können, nur kleiner und im Grundriss etwas länglicher, verkleidet mit dem gleichen hellen Marmor, aus dem auch der Fußboden bestand. Vor der Öffnung zählte ich acht schwarze Säulen. An den Wänden, die den Kubus umgaben, hingen eigenartige schwarze Vitrinen, zwölf von ihnen jeweils an den Seiten, vierzehn an der Rückseite, das heißt, eigentlich zwei mal sieben, weil sie in der Mitte, also auf Höhe der Rückwand des Kubus, durch eine breite hölzerne Sitzbank unterbrochen wurden. Auf beiden Seiten gab es Schwarzweißmonitore, links einen schweren Tisch, auf dem eine Vitrine in der Waagerechten postiert war, hier und da Lautsprecher. Am Boden verliefen ganze Bündel von Verlängerungskabeln, die meisten offenbar überflüssig, denn ihre dicken Enden blieben frei. Drei Fußbänke, die man auf ihre Trittfläche gedreht hatte, schienen sie anzuziehen, ja es sah aus, als steckten Schlangen ihre Köpfe zusammen. Dieses Kabelgewirr wirkte unfertig, improvisiert im Kontrast zu den perfekt gefertigten Vitrinen. Erst als ich den Innenraum betrat, verstand ich, dass ich in einer Art Cella stand, ja dass das ganze Kunstwerk die Struktur eines antiken Tempels besaß. Waren die Vitrinen mit den Fußbänken der Säulenumgang, so bezeichneten die acht schwarzen Säulen an der Vorderseite den Portikus. Im Innenraum war nur der Fußboden aus Marmor. Die Wände hatte man mit dunkelgrauem Filz bezogen. Nach oben war der Raum offen, also doch kein Kubus, die Wände endeten in ebenfalls filzbezogenen bügelartigen Aufbauten, die ich von außen noch für dunklen Marmor gehalten hatte. An den Innenseiten hingen in drei Reihen übereinander rechteckige Gebilde, halb verglaster Bilderrahmen, halb Vitrine. Was wie verschiedenartige Streifen aussah, waren sich abwechselnde Metallschienen und Holzleisten. Die rote Farbe des Holzes war an manchen Stellen stark abgerieben, an anderen beinah unbeschädigt. Hier wie da ließ sich die Maserung des Holzes gut erkennen. Die Scheiben davor hatten angeschliffene Stellen, Griffflächen, wie ich sie von alten Wohnzimmervitrinen her kannte. Auf das Glas waren verschiedenfarbige Rechtecke gemalt. In diesem Innenraum erschien mir alles auf eine angenehme Art ausgewogen und edel, sowohl die Proportionen und die Hängung als auch das Material und die Verarbeitung. Hier erschütterten auch keine Fahrzeuggeräusche die Scheiben. Irritierend, weil völlig fehl am Platz, wirkte ein altmodischer Klapptisch mit einem Intarsien vortäuschenden Muster. Zu ihm führten Verlängerungskabel von der Decke herab. Hätte ein Stuhl dagestanden, hätte ich mich an diesen Tisch setzen, meinen Laptop anschließen und losschreiben können.

Als ich aus der Cella trat, war B.C. verschwunden. Ich ging an den Vitrinen entlang, die an der Wand hingen wie Särge hinter Glas, bei denen nur das kleine Mittelstück mit Ausnahme des Bodens ausgesägt und auch seitlich verglast war. Präsentiert wurde darin jeweils eine abgenutzte Fußbank aus Holz auf den Füßen ihres angekippten metallenen Abgusses, sodass beide schräg in die Luft ragten wie zwei Akrobaten, von denen der eine auf den Knien des anderen stand und die sich einander an den Händen gefasst im Gleichgewicht hielten. Ich erinnerte mich an die Anschaffung einer Fußbank im Haushalt meiner Großeltern, zu denen sich meine schwangere Mutter geflüchtet hatte. Erst mit dem Kauf einer Fußbank – daran meine ich mich tatsächlich erinnern zu können – schienen wir ein richtiger Haushalt geworden zu sein, so einer wie alle anderen. Wann aber hatte ich zum letzten Mal eine Fußbank benutzt? Die Fußbank, das wurde mir hier klar, war ein vom Aussterben bedrohtes Utensil. Jene umgedrehten Fußbänke außerhalb der Vitrinen aber, die ihre vier Füße nach oben streckten, um einen oder zwei Monitore zu tragen, oder wie zufällig dalagen, um die Kupplungsenden der Verlängerungskabel auf sich zu versammeln, waren neu und aus einem Material gefertigt, das nur kaputtgehen, aber nicht altern konnte.

Ich betrachtete die Monitore. Was ich zunächst für Videos gehalten hatte, waren Fotografien, aufgenommen von einer sich bewegenden Kamera. Auf der linken Seite, als unbewegliches Bild, war eine umgestürzte alte Dampflok zu sehen, die von einigen teleskopartigen Stangen gestützt wurde, aber auch Bagger vor einem alten Gebäude. Manchmal kehrten dieselben Fotografien auf die Seite gedreht wieder. Ich beschreibe Ihnen das so, wie ich es erlebte. Durch die Installation in Anspruch genommen, vermisste ich B.C. nicht, bis er mich rief. Die Stimme kam von oben, von dieser Art Empore an der Vorderseite, von der herab er mich wohl beobachtet hatte. Er winkte mich herauf.

Der Monitor, der auf der Dachkonstruktion befestigt war, so erfuhr ich, zeigte das Atelier des Künstlers. Der Name Mucha kam mir bekannt vor, aber das war eine Verwechslung mit dem tschechischen Mucha, dem Jugendstil-Mucha. Ich sah einen aufgerissenen Fußboden. Zum Teil waren die Holzplanken schon entfernt. Das dazugehörige Werkzeug kam ebenfalls ins Bild.

B.C. führte mich in den verbleibenden Minuten durch die Installation, oder sollte ich sagen, er führte mich durch *Das Deutschlandgerät*? Er wies mich auf die geschliffenen Muster in den Glasscheiben hin, die dem Exzess des Zeigens und Ausstellens – als solchen deutete er das überdimensionierte Vitrinenglas – entgegenstanden und zugleich auf diese Übersteigerung aufmerksam machten. Ich glaube, dass ich den Begriff der »Episierung« von ihm selbst gehört habe, was bedeuten sollte, dass die

29

Geste des Ausstellens und Vorführens bei Mucha immer mitgedacht werde. Die Abgüsse seien aus Bronze, also jenem edlen Material, das bekanntlich seit der Antike für Figuren Verwendung fände und kostbarer als Marmor sei. »Doch schauen Sie«, sagte B.C., »wie er damit umgeht.« Er erfreute sich daran, dass Mucha die Abgüsse der Fußbänke offenbar nicht nachbearbeitet hatte, sodass man die Gussnähte erkennen konnte und die Stellen, wo etwas abgetrennt worden war. Die gusseisernen Füße jedoch hatten gut und gern die doppelte Länge ihres Originals, da die Gusskanäle erhalten geblieben waren. Die Erhöhung, die Hypostasierung sei hier, wie das Vorzeigen, sichtbar gemacht, Produktion und Produkt, Handlung und Resultat würden gleichermaßen präsentiert. Er verzog einen Mundwinkel, als ich sagte, die roh belassenen bronzenen Fußbänke erinnerten mich in dieser angekippten Stellung an Flakgeschütze. Nein, das führe wohl in die falsche Richtung. Für ihn sei es mehr ein Nachdenken über das Auf-den-Sockel-Heben. Fußbänke seien eine völlig unbeachtete Form des Sockels, der Erhöhung. Wenn ich mir die Monitore hier anschaute, dann würden die alle auf Fußbänken stehen, auf umgekehrten Fußbänken. Nun seien die Fußbänke in den Vitrinen, in diesen Super- oder Hypovitrinen, wie man eigentlich sagen müsse, ja keine neuen Fußbänke, sondern ein Sammelsurium jener, die bereits in Gebrauch gewesen seien, die die Spuren gelebten Lebens aufwiesen. Man brauche nicht ständig das »kulturelle Gedächtnis« zu bemühen, aber hier dränge es sich förmlich auf, in diesen Zeugen des Alltags. Im *Deutschlandgerät* aber würden sie zu einem nahezu erhabenen Gegenstand. Entgegen ihrer kleinen Ausmaße seien sie ja trotzdem Monumente, oder besser gesagt kleine Tempel. Die Fußbank werde zum *tempietto* des Familiären. Aber, und nun lächelte B.C., ja er strahlte förmlich, hier sei überall der Widerspruch schon immanent, die Gegenfrage, das Andere. Keine Stellung sei doch fragiler, ja kippliger, und veranschauliche die Schwerkraft, der alles Irdische unterliege, besser als diese Schräglage.»Und was ist es denn, was diese Schräge hält?« Er ging in die Knie und winkte mich heran, er zeigte auf das Zentimetermaß, das die Konstruktion stützte.»Ist das nicht eine großartige Idee, eine der Fußbank würdige, sie ebenfalls durch diesen Gegenstand zu erhöhen, der sich selbst bei uns zu Hause findet, ohne den kein Handwerker oder Makler zur Arbeit geht, ohne den es keine Ausstellung gäbe, weil sonst alles schief und krumm wäre? Das, was dazu da ist, exakte Angaben zu machen, wird seiner intendierten Funktion beraubt. Das, was unsichtbar hinter allem steht, wird zum eigentlichen Sockel. Und damit, ich wiederhole mich, noch einmal zum Vorzeigen des Zeigens, obwohl es mehr ist, denn da ist noch etwas anderes, das Wichtigste …« Zweimal schnippste er einen Finger gegen das Vitrinenglas, wohl um mich zum genaueren Hinsehen zu bewegen.»Stahlrollbandmaß mit Stopper / 5 m x 16 mm / Meister«, las ich vor.»Bei der Armee habe ich das Bandmaß immer abgelehnt«, sagte ich. Lächelnd hörte B.C. meinen Erklärungen zum Bandmaß zu, das man im dritten Diensthalbjahr trug und jeden Abend um einen Zentimeter stutzte, um daran die noch verbleibenden Tage des Grundwehrdienstes vorzeigen zu können. Was sich als Widerstand gerierte, erschien mir damals als die Verschleierung der Tatsache, jederzeit wieder einrücken zu müssen.»Deshalb hatte ich nie ein Bandmaß«, erklärte ich.

»Das ehrt Sie«, sagte er. »Die scheinbar widerständige Geste, die in Wirklichkeit nur die Unterdrückung und Abhängigkeit verschleiert, das zu verdeutlichen haben Sie in Ihrem vorletzten Buch versäumt«, sagte B.C. und sah auf die Uhr. Im selben Moment erzitterten die Scheiben wieder unter dem Motorenlärm. Ich fragte ihn, ob schon mal eine Konstruktion von diesem Dröhnen eingestürzt und ob damit nicht ein selbstzerstörerisches Element in das Kunstwerk eingebaut worden sei? Selbstzerstörerisch würde er das keinesfalls nennen. Eher zeige es doch die permanente Gefährdung, in der es sich befinde. Und schließlich sei es auch eine Entgegensetzung von Straßenlärm und der Welt der Eisenbahn. Höchst aktuell, wie er finde, denn noch immer lägen wir vor Gott Auto auf den Knien, während wir uns über die Eisenbahn lustig machten. Endlich erfuhr ich dann, was es mit dem Titel auf sich hatte, wie B.C. mir überhaupt ein paar der zum Verständnis wichtigsten Dinge erst auf dem Heimweg erzählte. Das ursprüngliche *Deutschlandgerät*, also das, womit der Name in die Welt gekommen sei, sagte er, wäre die Bezeichnung eines tatsächlichen Gerätes, entwickelt von der *Deutschland AG* aus Dortmund, um entgleiste Lokomotiven oder Straßenbahnen wiederaufzurichten oder zurück auf die Schienen zu heben, ein hydraulisches Gerät. Das könne ich auf den Bildschirmen erkennen. Insofern seien die Automobilgeräusche tatsächlich etwas, das über diese Welt herfalle und sie nicht nur wie eine vergangene, sondern auch wie eine veraltete wirken lasse. Wichtiger aber seien die Analogien, die man hier finde, wenn man die Monitorbilder betrachte und die Vitrinen. Nicht nur in den verchromten Hydraulikzylindern der Bagger scheine das *Deutschlandgerät* wieder auf, sondern auch in den Stempeln der

Bergwerke oder den zu langen Beinen der Fußbankabgüsse, in dem also, was mich an ein Flakgeschütz erinnert hatte. So abwegig sei diese Assoziation vielleicht gar nicht, wie er zuerst gedacht habe, denn das alles habe hier ja doch wesentlich mit der Stahlindustrie zu tun und mit dem Bergbau. Nicht nur, dass auf einigen Monitorbildern wiederum Fotografien der Bechers zu sehen seien, die die alten Zechentürme zeigten. Ins Allerheiligste der Kunst, wie er den Raum da nenne – er nickte zur Cella hin –, führe der Aufzug herab. Was er mit Aufzug meine, fragte ich. Er ging voran in die Cella und mit einer Geste, als wollte er sagen ›voilà!‹, wies er auf den Tisch, der mir deplatziert erschienen war.

»Braucht man dafür wirklich so viel Fantasie, um sich das vorzustellen?«, fragte er mit ehrlichem Erstaunen, als er meine Skepsis bemerkte. Dem Förderkorb werde er ein ganzes Kapitel widmen.

»Sie schreiben darüber?«, fragte ich.

Unbeabsichtigt, wie ich annahm, war ihm etwas entschlüpft, das er sofort wieder ins Vage zu kehren und ungeschehen zu machen versuchte. Das sei ein Vorhaben, weniger als das, aber er müsse halt schreiben, wenn er nachdenken wolle, anders gehe das bei ihm nicht.

Eine Frau von der Aufsicht, die offenbar nur das Ende seiner Erklärungen abgewartet hatte, tippte auf ihre Armbanduhr und verkündete uns, ohne wieder aufzusehen: »Gleich sieben. Wir schließen.«

B.C. blieb gerade noch Zeit, mich darauf hinzuweisen, wie handwerklich perfekt diese Vitrinen gefertigt seien, in denen Mucha den Boden seines Ateliers verarbeitet habe. Das hätte ich wohl schon auf einigen Monitorbildern bemerkt, besonders auf dem oberen könne man beobachten, wie das vor sich gehe, wie er die Bretter, auf denen er als Künstler gestanden habe, die auch in diesem Fall die Welt bedeuteten, sozusagen in die Vertikale gebracht habe. Ich stimmte ihm zu, dass man sich merkwürdigerweise an der Qualität von Material und Verarbeitung gar nicht sattsehen könne, und nun, da ich wisse, was es sei, woher es stamme, erst recht nicht. Die roten und blauen Rechtecke auf den Scheiben deuteten die Fensterfront eben jenes Ateliers an, das von außen auch auf den Monitoren erscheine, und dieses Atelier – das müsse unbedingt gesagt werden – hätte früher wiederum einer Firma mit dem Namen *Eisenbahn-Bedarf AG* gehört.

Als ich irrtümlicherweise den gegenüberliegenden Ausgang wählen wollte, sah ich, dass es eine ganze Tafel mit Hinweisen zu *Das Deutschlandgerät* gab, Erläuterungen, die ich natürlich gern gelesen hätte. Aber die Zeit war um, und ich musste zur anderen Seite hinaus. B.C. und ich stiegen unter den Blicken der uns auf den Fersen folgenden Frau von der Aufsicht die Treppen hinunter.

Auf dem Weg zu ihnen nach Hause – er meinte, es sei nicht weit, doch müssen es an die drei Kilometer gewesen sein, da wir recht straff liefen und über eine halbe Stunde brauchten – fragte er mich, ob ich erkannt hätte, an was für einem Ort die Geräusche aufgenommen worden sein müssten, eine Frage, die mir abwegig erschien.

»Dann haben Sie nicht gut hingehört«, rügte er mich. »Es ist eine Brücke, oder besser gesagt, es muss eine Brücke sein.« Ich war so überrascht, dass ich stehen blieb. Er hatte recht. Zu hören gewesen waren ja nicht nur die Motorengeräusche, sondern

auch Räder, Reifen, die über einen Spalt, über die Bewegungs-
fuge einer Brücke fuhren. Es hatte sogar geklungen, als würde
etwas nachwippen. Auf einen höheren Ton folgte ein ganz ähn-
licher, nur etwas tiefer, dim-dam.

»Wollen Sie hier Wurzeln schlagen«, fragte er und lief weiter.

Er sei sich unsicher, wie lang die Tonschleife währe, denn ihm
scheine sie von immer anderer Länge, je nachdem, an welches
Geräusch man sich halte, auf dessen Wiederkehr man warte. Sie
müsse so um die zehn Minuten dauern. Aber das sei vielleicht
nicht so wichtig, obwohl es eigentlich nichts gäbe, was an diesem
Kunstwerk nicht Absicht, nicht durchdacht sei. Die Entdeckung
mit der Brücke führe ihn zu immer weiteren Schlussfolgerungen.
Er habe sogar begonnen, Hart Cranes *The Brigde* zu studieren,
im Original wie in der Übersetzung. Bedeutsamer aber sei noch,
dass es sich hier ja um einen Grenzfluss handle. Hier verlaufe
der Limes. Und Brücken gehörten nun mal zu Düsseldorf. Kein
Geräusch sei besser dafür geeignet, um dieses Kunstwerk hier am
Rhein zu vertäuen, als dieser Brückensound, den es so in Venedig
nicht habe geben können.

Sie werden sich vielleicht wundern, warum B.C. mit diesen
Erläuterungen, mit denen eigentlich jede Beschreibung beginnen
sollte, nämlich dass Mucha seine Installation 1990 für den *Deut-
schen Pavillon* in Venedig erdacht und entwickelt hatte, so spät he-
rausrückte. Auf mich jedoch wirkten seine Erklärungen auch in
ihrer Abfolge einleuchtend, so als würde sich die Bedeutung von
Das Deutschlandgerät allmählich in konzentrischen Kreisen ausbreiten. Den restlichen Weg sprach er vor allem von jenem Pavillon, den er selbst nie im Original gesehen hatte – er habe leider
immer gemeint, in Venedig gäbe es Besseres zu tun –, er nannte

den Pavillon ein »Kunsterzeugungsgerät«, das hatte er allerdings irgendwo gelesen. Er fragte mich, ob ich im Fußboden die Unregelmäßigkeit bemerkt hätte, diese rechteckigen Fliesen, die die quadratischen unterbrechen. Bis in solche Details habe Mucha auf Venedig Bezug genommen, denn an dieser Stelle des Pavillons sei vor einer Art Apsis früher eine Wand eingezogen gewesen, die man erst 1960 entfernt habe und die zu diesem Flickwerk im Boden geführt habe, ein Flickwerk, das er, B.C., auch im Boden des Ateliers wahrgenommen zu haben glaube, also auf den Fotografien. Die Decke des Pavillons sei abgehängt gewesen, was Mucha im ehemaligen Plenarsaal des Landesparlamentes, denn genau das sei dieser jetzige Museumsraum bis 1998 gewesen, mit einer Kante und den Leuchten angedeutet hatte, etwas, von dem ich gestehen musste, es nicht mal bemerkt zu haben.

Der in den dreißiger Jahren entstandene Deutsche Pavillon in Venedig hatte der größte auf dem Ausstellungsgelände werden müssen. Seine kannelierten Pfeiler stellten einen Bezug her zu den acht schwarzen Säulen des ehemaligen Plenarsaals. B.C. sprach ausführlich über die Herrschaftssymbolik. Seine Gedanken und Assoziationen hätte ich mitschreiben müssen, um sie Ihnen halbwegs vollständig wiedergeben zu können. Ich hatte tatsächlich Mühe, mit ihm Schritt zu halten. Seine Erklärungen und Deutungen folgten sprunghaft aufeinander. Er setzte Dinge voraus, die ich nicht wissen konnte. Den Tisch mit der Vitrine, die ein Pendant zu dem Tisch in der Cella sein sollte, nannte er seine »schwarze Gondel«. Und darüber wurden die Vitrinen mit den Fußbänken gleichermaßen zu Säulen und Gondeln. Von da war es dann wieder nicht weit zur Brücke.

Jetzt, da ich diese Zeilen an Sie schreibe, will mir scheinen, dass bei aller Nüchternheit, ja Kälte, doch der rötliche warme Farbton in der Cella etwas typisch Venezianisches ausstrahlt, dass Mucha etwas von der Raffinesse und Kostbarkeit Venedigs in diesen Raum gerettet hat. Heute wundere ich mich schon etwas darüber, mich derart auf ihn und seinen Wunsch eingelassen zu haben, mir die »schwarze Maschine« vorzuführen. Ich begriff aber recht schnell, dass er, der wohl entgegen seinen Beteuerungen bereits an einem Text über *Das Deutschlandgerät* schrieb, seine Überlegungen an mir erproben wollte. Weiter dachte ich damals nicht, auch wenn er mir eigentlich den Schlüssel schon anbot. Denn bei Tisch – ich war enttäuscht, in eine so langweilige wie wohlhabende Straße mit Ein- und Zweifamilienhäusern aus den Siebzigern geführt zu werden, obwohl mir sofort klar war, in welchem er wohnen musste; ein verrücktes Haus mit einer geradezu lachhaften Anordnung verschiedenster Fenster, die eigentlich jede Baubehörde hätte verbieten müssen –, bei Tisch also sprach B.C. mit Enthusiasmus darüber, dass Mucha diese Installation nicht einfach von Venedig nach Düsseldorf verfrachtet und hier wieder aufgebaut habe, sondern dass er sie einerseits als Venedig-Ausstellung kenntlich gemacht, also eingepackt habe, dass er ihr aber andererseits neue Erkenntnisse und hiesige Bezüge hinzufüge und sie damit zu etwas Anderem und Neuen mache – so etwa formulierte er es.

Elzbieta war nicht zu Hause. B.C. erklärte mir, nachdem er ihren Zettel auf dem Küchentisch gelesen hatte, dass es in der Nachbarschaft einige polnische oder polnischstämmige Familien gebe, die hier sofort vor der Tür stünden, sobald sie irgendein Wehwehchen bemerkten.

»Das kann man ihnen nicht abgewöhnen«, sagte er eher belustigt als vorwurfsvoll. Er schaltete den Fernseher an und zappte durch die Programme, bis er bei einem Nachrichtenkanal gelandet war, als wäre dieser für mich die passende Unterhaltung. Er verschwand aus dem Zimmer und kam mit zwei Aperitifs zurück, Campari Orange, wir stießen an. Einen Moment später suchte er hektisch nach der Fernbedienung und schaltete, als fürchtete er, ertappt zu werden, den Fernseher wieder aus. Elzbieta Kühn erschien in der Tür. Sie trug die Haare kürzer, sah aber ansonsten genauso müde und erschöpft aus wie bei unseren vorherigen Begegnungen. Sie wollte wissen, wie es mir auf der Matinee ergangen sei und ob man mir auch ein gutes Hotel gebucht habe. Ich half ihr, eine Damastdecke über den Tisch auszubreiten, platzierte das alte schöne Geschirr, das sie mir reichte, und legte schweres Silberbesteck dazu. An jeden Platz kamen drei Gläser. Mit Küchenarbeit hatte B.C. offenbar nichts am Hut. Beinah verwundert verfolgte er unsere Aktivitäten und wartete zusehens ungeduldiger darauf, mich endlich durchs Haus führen zu können. Dieses war wider Erwarten geräumig und hell und im Obergeschoss, wie man so sagt, mit Büchern tapeziert. Nur für ein paar Bilder war noch Platz, darunter zwei schöne Zirkusbilder, eines war von Metzkes, das andere von Burger. Ihn freute es, dass mir die Namen etwas sagten. »Hier kennt die keiner!«

In B.C.s Arbeitszimmer lief der Fernseher. Gerade endete der Vorspann vom *Tatort*. Zu meiner Verwunderung ließ sich B.C. auf den dicken Teppich davor nieder und forderte mich auf, es ihm gleichzutun. Es ging um einen Mord, der, so war zu erwarten, auf das Konto früherer Stasimitarbeiter ging, die jetzt mit

38

russischen Waffen handelten. Fast die Hälfte war schon vorbei, als Elzbieta uns nach unten rief.

Das Zimmer mit dem schweren Büfett, der Glasvitrine und den beiden Sesseln um den kleinen runden Tisch samt Stehlampe erschien mir jetzt auch wie eine Installation, in der wir Platz nahmen. Meine Gastgeber hatten wohl selten Besuch. Jedenfalls wirkten sie an diesem Tisch selbst wie Fremde. Ständig sprang Elzbieta wieder auf, um noch Salz und Pfeffer oder Vorlegelöffel aus der Küche zu holen. Selbst den Wein, der seine einzige Aufgabe war, hatte B.C. im Kühlschrank vergessen. Lange suchte er nach einem Korkenzieher.

B.C. berichtete von unserem Museumsbesuch. Ich sagte, dass ich ihm für diese Entdeckung danke, denn Reinhard Mucha sei mir bisher leider kein Begriff gewesen.

Elzbieta wie B.C. hielten daraufhin kurz inne und tauschten einen Blick und ein Lächeln, als hätte mein Eingeständnis etwas bei ihnen berührt, was für sie noch einen anderen Sinn besaß.

»Man kann Ihnen daraus keinen Vorwurf machen«, beruhigte mich Elzbieta. »Denn nach 1990, also nach Venedig, hat er sich im Ausstellungsbetrieb ziemlich rar gemacht.«

»Ausstellungsbetrieb«, wiederholte B.C., langte nach ihrer linken Hand, und obwohl sie mit dieser die Gabel hielt, lehnte er sich hinüber und küsste sie auf den Handrücken. »Zumindest von uns beiden«, fügte er sich wieder aufrichtend hinzu, »spricht Elzbieta das bessere Deutsch.«

»Sie kennen Mucha persönlich?«, fragte ich.

»Nein«, sagten Elzbieta und B.C. wie aus einem Mund.

»Zwei starke Künstlercharaktere vertragen sich selten«, ergänzte sie.

»Ach, red' doch nicht!«, rief B.C. plötzlich aufgebracht. »Was soll denn das heißen?«

»Auf Tschechisch und Polnisch heißt ›Mucha‹ Fliege oder Mücke«, sagte Elzbieta und lächelte vor sich hin.

Ich fragte B.C. nach Mucha, aber mehr, als dass er hier in Düsseldorf lebe und in der Nähe des Bahnhofs sein Atelier habe, erfuhr ich nicht.

Es war Elzbieta, die mir dann eine Frage nach der anderen stellte, nach meiner Familie, nach meiner Arbeit, unserem Alltag. Ich antwortete ihr, wäre aber sicher unbefangener gewesen, wenn diese Fragen von B.C. gekommen wären. Er sah regelrecht unwirsch drein, wobei ich nicht wusste, ob er noch über die vorherige Bemerkung seiner Frau verärgert war oder bereits über das, was ich sagte. Wenn ich glaube, mein Gegenüber werde meine Ansichten skeptisch beurteilen, muss ich beim Sprechen ganz automatisch gegen eine Art schlechtes Gewissen ankämpfen. Obwohl ich nur Arbeiten annahm, die mich wirklich etwas angingen, klagte ich nun zu meiner eigenen Überraschung über Artikel, die ich leichtfertig zugesagt hatte, für deren Verfertigung ich jedoch mitunter Wochen brauchte.

»Warum tun Sie sich das an?«, fragte Elzbieta, ohne aufzusehen. Sie klang enttäuscht, als hätte sie gerade von mir etwas anderes erwartet, wohl einen stärkeren »Künstlercharakter«.

»Er muss Geld verdienen!«, rief B.C. »Was soll er denn sonst machen!«

Sie widersprach. Ich hätte doch soeben selbst gesagt, mit diesen Artikeln nicht viel, ja auf die Stunden umgerechnet deutlich weniger als eine Aufsicht im Museum zu verdienen.

Elzbieta war in ihrem Urteil streng. Rücksichten gegenüber

dem Gast an ihrem Tisch kannte sie nicht. Man kann das natürlich auch aufrichtig nennen. Im Gegensatz zu B.C. aber erregte sie sich überhaupt nicht. Selbst als er ihr an den Kopf warf, ob sie mir empfehlen wolle, sich ebenfalls eine Frau zu suchen, die das Geld verdiene, schüttelte sie nur den Kopf und wiederholte, dass es eine unverzeihliche Schwäche sei, wenn man zu selten Nein sage, das sei in jeder Beziehung unverantwortlich, in jeder – sie zählte es, staunte ich, von ihrem kleinen Finger her bis zum Daumen auf: Gesundheit, Familie, Freunde, Literatur, Gesellschaft. Sie verhielt sich wie jemand, der versucht, eine mathematische Gleichung zu erläutern, etwas, wobei es keine Kompromisse geben kann, keine Nachsicht, nur richtig oder falsch.

»Nehmen Sie das nur nicht persönlich«, sagte B.C., als Elzbieta in die Küche gegangen war. Sie hatte vergessen, den Tortenboden, den sie als Dessert mit Früchten belegen wollte, in die Backröhre zu schieben. Ich fragte B.C., ob es nicht zu spät werden würde, aber er wehrte ab. Elzbieta könne sowieso kaum schlafen und bei ihm sei es gleichgültig.

»Elzbieta ist streng«, sagte er. »Sehr streng. Sie wird nicht von Ihnen ablassen, es sei denn, Sie geloben Besserung.«

Bei seinen letzten Worten war Elzbieta eingetreten, Kuchengabeln und Teelöffel wie einen kleinen Strauß in der Hand. Sie ging um den Tisch und verteilte sie.

»Sie müssen sich konzentrieren«, fuhr sie fort, als hätten wir unser Gespräch nicht unterbrochen. »Wer sich nicht konzentriert, bleibt harmlos, lau, ohne Empörung, ohne Auflehnung.«

»Empörung und Auflehnung müssen halt in die Erzählung oder in den Roman passen«, verteidigte ich mich. »Das hat man nicht immer so in der Hand, wie man es gern möchte.«

»Den Büchern fehlt zunehmend die Dimension Auflehnung«, sagte Elzbieta. Sie klang, als hätte sie diesen Satz auswendig gelernt. »Kein nennenswerter Widerspruch, nichts von Aufruhr – Ruhe. Keine Maßlosigkeiten, keine Übertreibungen, alles brav. Eine Literatur, die von Einverständnis überquillt wie das Privatfernsehen. Wir haben es mit massenhafter Anpassung zu tun, gerade unter den Literaten.«

»Vielleicht ist es einfach zu viel, wogegen man sich auflehnen müsste«, versuchte ich einzuwenden.

»Wie wäre es denn damit«, sagte B.C. und stützte sich mit den Ellbogen auf den Tisch: »Die moderne, freiheitliche, demokratische Industriegesellschaft bringt uns um, nicht mehr und nicht weniger. Und zwar nicht allegorisch, sondern buchstäblich. Und nicht nur uns, in der näheren Umgebung, sondern alle: die Menschheit. Die Welt geht unter und man weiß nicht recht, was zu tun ist, man hat keine Übung in derlei Angelegenheiten.«

Ich nickte kurz und versuchte zu lächeln.

»Es ist einfach unerträglich, einfach zum Kotzen«, sagte B.C., stand auf und ging aus dem Zimmer.

Ich half Elzbieta, das Geschirr in die Küche zu tragen, und öffnete die Büchsen mit Mandarinen, während sie den Espressokocher füllte, auf die Herdplatte stellte und den Tortenguss anrührte. Meine Frage, wann denn wieder ein Buch von B.C. zu erwarten sei, ließ sie zuerst unbeantwortet. »Er muss sich schonen«, sagte sie dann. »Aber das wissen Sie ja.«

Als wir mit dem Espresso und drei Tassen ins Wohnzimmer zurückkehrten, die Mandarinentorte musste noch auskühlen, lief wieder der Fernseher.

Der Ton war kaum zu hören. Da ich mit dem Rücken zum Fernseher saß, irritierten mich nur B.C.s Blicke, die an mir vorbeigingen. Elzbieta sprach über eine frühere Arbeit Muchas. B.C.s Einladung ins Museum war letztlich, so ging mir durch den Kopf, auch dafür gut gewesen, etwas zwischen uns zu schieben, um nicht pur aufeinanderzuprallen. Plötzlich stand B.C. neben dem Fernseher, stellte den rechten Fuß leicht vor und verbeugte sich übertrieben tief, als führte er ein höfisches Ritual aus. Sein linker Arm beschrieb eine schwungvolle Abwärtsbewegung, die er wiederholte, die er drei- oder viermal wiederholte, wobei er sich immer devoter verneigte und seine Hand eine Art Arabeske knapp über dem Boden vollführte. Erst jetzt bemerkte ich, was für kleine Füße er hatte. Plötzlich schnellte er hoch und sprang mit fast tänzerischer Leichtigkeit zur Seite, sodass er nun links vom Fernseher stand, von wo aus er seine Ergebenheitsbekundung fortsetzte.

»Hör auf«, sagte Elzbieta, »wir haben einen Gast.«

»Ich grüße Seine Majestät. Ich grüße die Freiheit, ich grüße das Recht!«, rief B.C. und fuhr weiter fort, sich zu verbeugen. Der Fernseher wurde immer lauter – B.C. hielt die Fernbedienung jetzt in der Linken, während nun sein rechter Arm den eleganten Gruß absolvierte. Innerhalb weniger Sekunden füllten sich die leeren Kästchen der Lautstärkeskala unter der Erscheinung eines ernst und konzentriert blickenden Parlamentspräsidenten Thierse, als krieche da etwas von links nach rechts über den Bildschirm.

»Schluss!«, schrie Elzbieta, während sich auf dem Bildschirm die Moderatorin Will mit den dröhnenden Worten »Unrechtsstaat« und »Drei haben wir schon« einem Gast zuwandte, offenbar dem vierten. Dann schepperten die Scheiben, der Fernseher schien zu bersten. Wegen des Getöses, das die Wörter in ein Geröhre verwandelte, hielt ich mir die Ohren zu. Elzbieta und B.C. rangen miteinander. Sie versuchte, ihm die Fernbedienung zu entwinden, die er erst hinter seinem Rücken versteckte, und dann mit der rechten Hand über den Kopf hielt. Sie sprang an ihm empor und griff immer wieder ins Leere. Er lachte, ihr Gesicht war verzerrt. Ich spürte die Schallwellen des Fernsehers, die Bässe, als würden sie mir vor die Brust schlagen … Und ich wunderte mich, wie es der Moderatorin Will gelang, ihr Gesicht so unverändert zu bewahren trotz der monströsen Laute, die sie ausstieß. Auch das Aussehen der anderen änderte sich nicht, obwohl der vierte Gast jetzt nervös wurde und der Parlamentspräsident Thierse sein Kinn noch stärker gegen die Brust presste und ein anderer, wohl der zweite oder erste, fröhlich lachte, oder höhnisch, und den Kopf schüttelte und die Moderatorin Will die Stirn in Falten legte und ein bitterer Zug ihren Mund verschloss und nur noch der vierte Studiogast diese dröhnenden Geräusche von sich gab. Plötzlich Ruhe. Das Bild erlosch. Stille. Elzbieta hatte den Stecker herausgezogen. Wie betäubt verharrten wir, B.C. noch immer mit der Fernbedienung in der Hand, die er wie eine Fackel hochhielt. Elzbieta atmete schwer. Ich stand hinter meinem Stuhl, ohne zu wissen, wie ich dahin gekommen war.

»Schau dich an«, sagte Elzbieta zu B.C. Dabei klang sie, als würde sie gleich in Tränen ausbrechen, als wäre sie es, die etwas Ungehöriges getan hatte und sich bei ihm entschuldigen müsste. »Schau dich nur an.«

Ein Hemdzipfel war ihm aus der Hose gerutscht. Langsam senkte er den Arm mit der Fernbedienung. Erst als er aufblickte, sah ich die roten Flecken an seinem Hals und auf den Wangen, ja sogar auf seiner Stirn zeigte sich jetzt ein rotes Oval, viel deutlicher als damals auf dem Hauptbahnhof von Frankfurt am Main.

»Ich denke«, sagte Elzbieta, »es wäre besser, wenn Sie jetzt gehen.« Und da ich einen Moment zögerte, ob ich mich tatsächlich verabschieden sollte, sagte sie: »Ich packe Ihnen etwas ein.« Da erst merkte ich, dass ich eine Kuchengabel in der Hand hielt. B.C. warf die Fernbedienung auf den Tisch.

»Ich melde mich bei Ihnen«, sagte er, grüßte, als legte er zwei Finger an den Mützenrand, und verließ das Wohnzimmer. Mir fiel auf, wie langsam er die Treppe hinaufstapfte.

Drei Wochen später, es war Mitte Mai, hatte ich tatsächlich zwei Nachrichten von ihm auf dem Anrufbeantworter. Beide Male sagte er, dass er es später noch einmal versuchen werde. Ich rief sofort zurück und wählte in den folgenden Tagen mehrmals seine Nummer, bis sich irgendwann Elzbieta meldete. B.C. sei nicht zu Hause, beschied sie mir. Zuerst glaubte ich, sie habe meinen Namen nicht verstanden und reagiere deshalb so kühl. Doch auch mein Angebot, ihr bei nächster Gelegenheit den Teller zurückzubringen, auf dem sie mir ein Drittel ihrer Mandarinentorte, mehrfach umhüllt von Alufolie, mitgegeben hatte, quittierte sie mit Schweigen, als ginge ich mit diesem Ansinnen zu weit. Nur um etwas zu sagen, entschuldigte ich mich zu allem Überfluss dafür, ganz vergessen zu haben, ihr mein jüngstes Buch zu überreichen. Sie müsse jetzt Schluss machen, erwiderte sie und legte auf.

Ich schrieb B.C. Ich lud ihn nach Berlin zu einer Lesereihe ein, die *Das Werk* hieß und ihn und seine Bücher an einem Wochenende mit Lesung und Gespräch, mit Kommentaren verschiedener Kollegen und Wissenschaftler und, falls verfügbar, mit Film- und Tonaufnahmen würdigen sollte. Ich wiederholte die Einladung. Beide Briefe blieben unbeantwortet.

Von B.C.s Tod erfuhr ich etwa zwei Monate nach meinem Telefonat mit Elzbieta aus dem Radio. So befremdlich es für Sie klingen mag, mein erster Gedanke war: Ich muss ihn anrufen. Und dann: Elzbieta wird nicht zulassen, dass ich mit ihm rede. Über die Todesursache fand sich selbst in den ausführlicheren Nachrufen nichts. Sein Alter hielt ich zuerst für einen Druckfehler. Aber es stimmte natürlich, er war Jahrgang 1939. Er war tatsächlich wenige Tage vor seinem siebzigsten Geburtstag gestorben. Dann rief mich die Pressefrau von Lehmann an und fragte, ob ich bereit wäre, den Sarg von B.C. mit zu tragen, ich stünde auf seiner Liste.

»Wessen Liste?«, fragte ich.

»Eine handschriftliche Liste«, sagte sie. »Seine Liste.«

Entschuldigen Sie, dass dieser Brief nun doch länger wird, als ich es beabsichtigt hatte. Ich will mich kürzer fassen, denn gerade das Folgende könnte dazu verführen, es auszuwalzen.

Die Beerdigung hatte offenbar der Verlag nach den Angaben B.C.s organisiert. Vom Band kam Beethovens Kreutzer-Sonate oder ein Teil davon, danach lasen Kolleginnen und Kollegen, darunter auch ich, Textpassagen aus seinen Büchern vor, die man uns gegeben hatte. Ich hatte den Ausschnitt eines Essays über das Wohnen, das heißt über Obdachlose, vorzutragen, der sich auf Adornos Satz von der Unmöglichkeit des richtigen Lebens im falschen bezog. Ärgerlicherweise durfte auch jenes Lästermaul lesen, der der Dritte im Bunde gewesen war, als ich B.C.

in der Berliner Akademie kennengelernt hatte. Von B. C. stand eine Farbfotografie neben dem Sarg, auf der er beinah spöttisch in die Kamera blickte. Dann wieder Beethoven, eine andere Violinsonate, und schließlich der Sarg. Er war mörderisch schwer, obwohl wir ihn zu sechst trugen. Dieses Monstrum schien einem die Schulter auszureißen, aber weder konnte man ihn absetzen, noch durfte man ihn loslassen. Dabei mussten wir ihn nur aus der Kapelle hinaus- und über eine halbkreisförmige Terrasse drei oder vier Stufen hinabtragen. Dort warteten die Angestellten des Beerdigungsinstitutes. Sie halfen uns, den Sarg auf einen Rollwagen zu hieven, den sie dann langsam über die Wege schoben. Hinter dem Sarg gingen Elzbieta, deren Gesicht von einem schwarzen Schleier verdeckt wurde, und B. C.s erste Frau, Ursula, mit ihrem Sohn und dessen Frau und deren zwei Jungen, also den Enkeln. Stephan, B. C.s Sohn, hatte von seinem Vater zumindest die hohen Wangenknochen und das dichte Haar geerbt. Wie der Sarg auf dem Weg zwischen den Sträuchern und Bäumen lautlos dahinglitt, erinnerte er tatsächlich an eine venezianische Gondel. Am offenen Grab erwarteten uns vier Musiker, Stehgeiger hätte ich gesagt, wenn nicht auch ein Cello dabei gewesen wäre. Sie spielten Beatles-Melodien, was, so die Pressefrau später, ein Wunsch von Ursula gewesen sei. Als der Sarg in die Erde gelassen wurde, brachen die Stehgeiger mitten im Spiel ab, begannen aber gleich darauf von Neuem. Dann trat Elzbieta ans Grab. Nach einer Weile, ich glaubte schon, sie würde nun nach der kleinen Schaufel in der bereitgestellten Schale greifen, begannen sich ihre Lippen zu bewegen. Es waren mehr als nur ein paar Worte. Sollte sie tatsächlich geredet oder geflüstert haben, werden selbst die in der Nähe wegen der Musik nichts verstanden haben. Plötzlich entnahm sie ihrer Handtasche etwas Klobiges, das in Zeitungspapier eingeschlagen war, und warf es umstandslos wie etwas, das man endlich loswerden will, ins offene Grab – der Sarg dröhnte dumpf. Die Musiker wechselten gerade von *Yesterday* zu *Michelle*, womit sie noch mehr Schwierigkeiten bekamen. Elzbieta ließ eine Handvoll Erde folgen, wandte sich ab und ging ein paar Schritte bis zu der Hecke, die das Gräberfeld begrenzte. Ursula und Stephan, der seine Mutter stützte, traten heran, nach ihnen die Enkel mit deren Mutter. Ihnen folgte schon der alte Lehmann. Er reckte den Hals und beugte sich vor. Er zögerte dann einen Moment, wohin er sich wenden sollte. Die Familie hatte sich in deutlicher Entfernung von Elzbieta postiert. Er steuerte auf Elzbieta zu, die ihm aber entgegenkam, am Arm nahm und zu Ursula führte. Er kondolierte und reichte auch Stephan die Hand. Für mich war es nicht genau auszumachen, ob Ursula und Elzbieta miteinander sprachen. Ich sah nur, wie Elzbieta den Schleier hochnahm. Sie schien Stephan umarmen zu wollen – erschrocken wich er zurück. Elzbieta stolperte. Doch hielt er sie mit ausgestreckten Armen an den Ellbogen. So verharrten sie kurz, bis Elzbieta sich abwandte. Sie eilte davon auf einem der breiteren Wege, der zwei Grabreihen weiter parallel zu dem verlief, auf dem der Trauerzug wartete. Man stieß sich an – Elzbietas Füße machten merkwürdige Schlenker, als wäre sie betrunken. Ich folgte ihr. Sie drehte sich um die eigene Achse, und gleich noch ein zweites Mal. Sie schwankte, nestelte an der kleinen schwarzen Kappe, die den Schleier hielt, riss sich schließlich beides vom Kopf und warf es auf den Komposthaufen neben dem Brunnen. Fast hätte ihr eigener Schwung sie von den Beinen geholt. Zum Glück streifte sie nur die grünen Plastegießkannen, die aufgereiht an einem Gestell hingen. Hohl tönend fielen zwei oder drei auf den Asphalt.

Statt weiter hinter ihr herzurennen, blieb ich stehen und kehrte, als Elzbieta die Friedhofspforte passiert hatte, zum Grab zurück. So war ich der letzte Trauergast in der Reihe. Die Musiker begannen von vorn mit ihrem Beatles-Repertoire. Diejenigen, die den Abschied am Grab hinter sich hatten, versammelten sich etwa dreißig Meter entfernt. Sie redeten immer lauter miteinander, ja es wurde sogar gelacht, als würde sich die Erleichterung, mit der die Raucher an ihrer ersten Zigarette zogen, auch auf die anderen übertragen. Die falschen Töne der Beatles-Interpreten bewahrten mich vor Sentimentalitäten. Ich unternahm auch keinen Versuch, nach dem Ding Ausschau zu halten, das Elzbieta ins Grab geworfen hatte. Merkwürdigerweise machte es mir nichts aus, völlig fremden Menschen – darunter auch B.C.s Bruder und Schwester, von deren Existenz ich nicht mal etwas gewusst hatte – die Hand zu drücken und dabei »Mein Beileid« zu murmeln.

Obwohl ich Lehmann zugesagt hatte, mit ihm und ein paar Kollegen noch etwas essen zu gehen, machte ich mich aus dem Staub. Es war das falsche Begräbnis, dachte ich und kickte eine der Gießkannen vom Weg. Ich wusste selbst nicht, was ich damit meinte und warum ich so gereizt war. Ich kehrte um, hob die Gießkannen auf und hängte sie an die freien Haken. Auf dem Komposthaufen daneben lag Elzbietas Kappe samt Schleier, als hätte sie ihn sorgfältig über die verwelkten Blumen drapiert. Ohne zu überlegen, nahm ich ihn an mich, winkte schon von Weitem dem einzigen Taxi zu, das vor dem Friedhof stand, und fuhr in mein Hotel.

Abends traf ich mich mit meinem Vater und seiner Familie,

danach setzte ich mich noch in die Hotelbar, ohne einen klaren Gedanken fassen zu können.

Obwohl es spät geworden war, wachte ich wie zu Hause kurz nach sechs Uhr auf. Ich überlegte, gleich jetzt zum Bahnhof zu fahren und einen früheren Zug zu nehmen. Noch unter der Dusche war ich überzeugt, sofort aufbrechen zu wollen, kroch dann aber wieder unter die Decke und schlief, bis mich die Zimmerfrauen aus dem Bett trommelten.

Als wollte ich mich selbst überraschen, nannte ich dem Taxifahrer die Adresse von Elzbieta Kühn. Ich hatte den Teller aus ihrem Porzellanservice gut verpackt dabei.

Einen Moment glaubte ich wirklich, wegen des Tellers zu ihr zu fahren. Wenn sie nicht da wäre oder nicht öffnen würde, könnte ich mich zumindest des Tellers entledigen und ihn vor die Tür stellen. Im nächsten Moment sah ich mich ihr auf den Kopf zu sagen, dass sie meine Briefe an B. C. abgefangen und meine Anrufe vor ihm verheimlicht habe.

Ihr Schleierhut, der neben mir auf dem Sitz lag, erinnerte an eine fette Spinne und deren Netz. Der Taxifahrer, gebürtiger Marokkaner, im Rheinland aufgewachsen, erzählte, dass er vor Jahren alle Tests für die Polizeischule bestanden hätte, er hatte zur Drogenfahndung gewollt, außer Deutsch sprach er Arabisch, Französisch und Englisch. Doch anstatt die Ausbildung zu beginnen, hatte er den Taxibetrieb des Vaters seiner Freundin übernommen, was nicht lange gut gegangen war.

Die Erzählung seiner verwickelten Karriere, ja seines Lebens, lenkte mich für ein paar Minuten wohltuend ab. Weder wollte ich mir einen Plan zurechtlegen, noch wollte ich mir die Begegnung mit Elzbieta vorstellen.

Als wir da waren, nahm ich meine Sachen, bezahlte den Fahrer, bat ihn, noch einen Moment zu warten, und klingelte. Im hinteren Teil des Gartens, in dem Wäsche auf der Leine hing, bewegte sich jemand. Eine Frau im Bikini zog sich eine Art Morgenrock über. Lag es an der Sonnenbrille, ihrer Figur oder ihrem jugendlichen Gang – ich erkannte Elzbieta Kühn beinah erst, als sie schon den Riegel der Gartenpforte zurückschob. Mit der anderen Hand hielt sie den Morgenmantel zusammen.

»Sie sind es«, sagte Elzbieta. »Möchten Sie hereinkommen?«

Ohne eine Antwort abzuwarten, ging sie mir voraus ins Haus. Ich winkte dem Taxifahrer zu und folgte ihr.

An der Garderobe hingen B.C.s Sachen, seine Straßenschuhe mit schief getretenen Absätzen und ungeöffneten Schnürsenkeln lagen wie hingeworfen darunter. Ich stellte meine Tasche hinter der Haustür ab.

»Darf ich Ihnen etwas anbieten?«, fragte Elzbieta und schob die Sonnenbrille in die Haare. An ihrer Nase und auf den Augenringen war noch etwas von der Sonnencreme, nach der sie duftete.

»Ich wollte Ihnen das zurückbringen«, sagte ich, in der einen Hand den Teller, in der anderen ihre Kappe samt Schleier.

»Kommen Sie deshalb?«

»Ich wollte nicht, dass er auf dem Friedhof bleibt«, sagte ich.

»Da gäbe es anderes.« Sie nahm mir den eingepackten Teller ab, ließ mich mit der Kappe in der Hand stehen, ging in die Küche und nahm zwei Gläser aus dem Schrank.

»Ich hatte ihm geschrieben. Hat er meine Briefe bekommen?«, fragte ich und blieb auf der Schwelle zur Küche stehen.

»Warum sollte er sie nicht bekommen haben?« Sie hatte den Wasserhahn aufgedreht, wandte sich aber, in jeder Hand ein Glas, abrupt nach mir um. »Meinen Sie etwa … Das ist nicht Ihr Ernst!«

»Ich hatte angerufen, mehrmals …«, sagte ich. In ihrer Empörung entging Elzbieta offenbar, dass sich ihr Morgenmantel geöffnet hatte und ihren – verzeihen Sie den blöden Ausdruck, mir fällt kein besserer ein – unverbrauchten Körper zeigte. Man muss ja kein Voyeur sein, um so etwas zu bemerken. »Er hat nie zurückgerufen«, fügte ich hinzu.

»Natürlich erinnere ich mich daran. Sie hatten ihn zu einer Lesung eingeladen, ich habe es ihm ausgerichtet. Selbstverständlich habe ich es ihm ausgerichtet!«, sagte sie und ließ nun Wasser in die Gläser laufen. »Wenn er eine Lesung annahm, erfuhr ich als Letzte davon. Es war jedes Mal ein Kraftakt, jedes Mal, vor allem, wenn wir schon vormittags losmussten. Von heute auf morgen eine Vertretung zu finden, ist schier unmöglich.«

»Wäre es nicht besser gewesen, Sie hätten ihn allein fahren lassen?«

»Natürlich wäre es besser gewesen!« Sie stellte die Gläser auf den Küchentisch. »Entschuldigen Sie mich einen Moment.«

Ich trat zur Seite, um Elzbieta aus der Küche zu lassen. Die Sicherheit, mit der sie sich in diesem Aufzug bewegte, verlieh ihr eine überraschende Anmut. Warum hatte ich das bisher nicht bemerkt?

An der Wand hing ein Kalender, auf dem es noch Juli war. In einigen der quadratischen Kästchen sah ich Eintragungen mit rotem Buntstift, konnte sie aber nicht entziffern. Die Küche wirkte jetzt unbenutzt, fast steril, wie die einer Ferienwohnung.

»Darf ich?«, fragte Elzbieta Kühn, die jetzt ein Sommerkleid trug. Sie nahm mir den Schleier samt Kappe aus der Hand. »Ich trauere Ihnen wohl zu wenig?«

»Nein«, sagte ich. »Es war nur so ein Gefühl, dass Sie es womöglich bereuen könnten.«

»Was denn?«

»Es weggeworfen zu haben.«

»Ich bin keine Fetischistin.« Sie trat auf das Pedal des Mülleimers und drückte die Kappe samt Schleier hinein. Mit einem Knall fiel der Deckel zu. »Wenn es nach mir ginge, brauchte es nicht mal ein Grab.« Sie bückte sich zum Mülleimer hinunter und stopfte den Zipfel des Schleiers, der über den Rand hing, noch hinein.

»Darf ich Sie etwas fragen?«

»Ich werde Sie nicht daran hindern.«

»Waren Sie auf ihn, auf sein Schreiben eifersüchtig?« Nun war es heraus.

»Warum sollte ich?«

»Es war halt so ein Eindruck, den man bekam«, sagte ich und zwang mich dabei, sie anzusehen. »Es schien, als durfte er keinen Schritt ohne Sie tun.«

»Denken Sie das wirklich?« Sie stand vor mir, wandte aber den Kopf ab.

»Ich dachte, es wäre besser, es einmal auszusprechen.«

»Besser als was?«

»Als es immer nur zu denken. Sie haben ihn ja immer … bewacht.«

Sie stieß die Luft durch die Nase aus. »Am liebsten würde ich Sie jetzt bitten zu gehen«, sagte sie leise.

Ich blieb unschlüssig stehen, während sie sich an den Tisch setzte.

»Bewacht«, wiederholte sie. »Ja, ich habe versucht, ihn zu bewachen.« Sie steckte sich eine Zigarette an und zog den Aschenbecher mit dem kleinen Finger heran. »Er hat es gewusst. Er hat mir prophezeit, dass man über mich herfallen werde ...«

»So war das nicht gemeint«, sagte ich.

»Sie haben es ganz genau so gemeint«, sagte sie. »Sie drücken sich durchaus verständlich aus.«

Ich setzte mich dorthin, wo sie das Wasserglas für mich platziert hatte. Elzbieta rauchte in tiefen Zügen.

»Ich weiß nicht, ob ich es Ihnen erklären kann«, sagte sie dann. »B. hat Sie trotz Ihrer Gedankenlosigkeit, die Sie ja mit fast allen anderen teilen, gemocht. Er hat versucht, es Ihnen zu erklären.«

»Was zu erklären?«

»Er hat versucht, es aufzuschreiben. Das hat er die ganze letzte Zeit über versucht.« Einen Moment schien es, als würde sie mit den Tränen kämpfen, aber sie musste nur niesen. Im Haus war es kühler als draußen.

»Gesundheit«, sagte ich.

»Ich weiß nicht«, fuhr sie fort. »Womöglich vermenge ich ein paar Dinge, die gar nichts miteinander zu tun haben, die sozusagen zwei unterschiedlichen Geschichten angehören.«

Und dann begann sie zu erzählen, wie sie B. C. und dessen Frau Ursula und ihren gemeinsamen Sohn Stephan in Rom kennengelernt hatte, Ende der siebziger Jahre, als B. C. zwei Jahre nach seiner Übersiedlung in den Westen Stipendiat der Villa Massimo gewesen war, und Elzbieta als Verlobte eines anderen Stipendiaten, eines Kölner Künstlers – sein Name sagte mir nichts –,

54

sozusagen Tür an Tür mit ihm gewohnt hatte. Die meisten, die seinen Namen im Mund führten, hatten sein Buch nicht gelesen oder es bald beiseitegelegt, weil es so gar nicht ihren Erwartungen an die Prosa eines Dissidenten entsprach. Von den anderen wurde B.C. eher gemieden. Er war ihnen nicht links genug, jedenfalls nicht auf die damals obligatorische Art und Weise. Er hatte kein Verständnis für diejenigen, die der RAF etwas abgewinnen konnten. Wenn die anderen eine Resolution gegen die Berufsverbote unterschrieben und ihm nahelegten, mitzumachen, dann war er dazu unter der Bedingung bereit, dass man gegen die Berufsverbote in West wie in Ost protestieren sollte; Ursula, seine Frau, hatte die letzten zwei Jahre in der DDR nicht mehr als Lehrerin arbeiten dürfen, nicht mal als Musik- und Sportlehrerin war ihr das möglich gewesen. Dass ihr dieses Verbot nicht unlieb war, stand auf einem anderen Blatt. B.C. ließ auch keine Gelegenheit aus, sich für das Stipendium zu bedanken. Er nannte es auf Englisch *the ultimate luxury*, was die anderen als Anbiederung empfanden. In Rom überwarf sich Elzbieta mit ihrem Verlobten, der sie daraufhin vor die Tür setzte. Für einige Wochen zog sie zu den C.s und kampierte bis zu ihrer Abreise auf einer Luftmatratze in seinem Atelier, eine illegale Aktion, die aber die C.s mit Verschwörungssinn und Begeisterung erfüllt haben muss. B.C. und seine Frau waren sogar der Überzeugung gewesen, auch die Mitstipendiaten dürften davon nichts bemerken.

Elzbieta war es gegen jede Wahrscheinlichkeit geglückt, in Rom, in einer Privatklinik, eine Stelle als Assistenzärztin zu finden, die zwar miserabel bezahlt war, aber sie unabhängig von ihren Eltern machte. Elzbietas Vater war Anfang der Fünfziger aus Polen, aus Zabrze bei Katowice, mit der ganzen Familie nach Köln übersiedelt, wo Elzbieta auch eingeschult worden war. Er hatte eine Spedition gegründet und aufgebaut und war eine Zeitlang sogar der Mitinhaber eines Lastkahns, eines Binnenschiffes auf dem Rhein, gewesen.

Jeden Abend wurde Elzbieta von B.C. unter einer Decke auf dem Rücksitz seines Renaults in die Villa geschmuggelt und morgens von ihm wieder zum Dienst gebracht. Er war ein miserabler Fahrer, aber in Rom war das laut Elzbieta nicht so gefährlich wie zu Hause. Obwohl sich dieses Decken-Ritual schon nach einigen Tagen als überflüssig erwiesen hatte, hielten sie daran fest. Denn auch wenn B.C. und sie auf den Fahrten durch das morgendliche oder abendliche Rom kaum miteinander sprachen, entstand zwischen ihnen eine Vertrautheit, die sich nicht wieder verlieren sollte, obwohl sie beide, zurück in Deutschland, mehrere Jahre lang nichts mehr voneinander hörten. Als B.C.s Roman – erst sein zweites Buch überhaupt – erschienen war, also 1985, hatte Elzbieta eine Lesung von ihm besucht. Sie selbst hatte inzwischen geheiratet, eben jenen Dr. Kühn, einen Kollegen, dessen Nachnamen sie trug. Als sie B.C. sah, wusste sie, dass sich in ihrem Leben etwas ändern musste. So fest hatte er sie am Arm gefasst, es war eine so selbstverständliche Geste gewesen, dass es ihr von nun an als ausgemacht galt: Sie gehörten zusammen, nicht nur für diese Nacht.

»Es war«, sagte sie, »als hätten wir all die Jahre nur darauf gewartet.« Doch die Vorstellung, Frau und Kind zu verlassen, erschien ihm abwegig, er fühlte sich Ursula gegenüber verpflichtet, ja schuldig. Sie kam aus einem Dorf in der Nähe von Sonneberg im Süden Thüringens, war schnell schwanger geworden und hatte das Kind gewollt. Ursula wäre es nie in den Sinn gekommen, den Osten zu verlassen, wegzugehen von ihrer weitverzweigten Verwandtschaft und ihren Freunden. Unwillig hatte sie Pädagogik studiert. Sie wusste selbst, dass sie keine gute Lehrerin war, aber im Westen musste sie arbeiten. B.C. erhielt zwar Stipendien und Preise, schrieb aber viel zu langsam. Erschien endlich ein Buch, war der immer wieder aufgestockte Vorschuss längst aufgebraucht. Er quälte sich mit Vor- und Nachworten und diversen Artikeln und nahm jede Einladung zu einer Lesung an.

Obwohl es viele Fotografien von ihm mit Kollegen gibt – sogar eine ganze Serie mit Böll, aber auch einige, die ihn mit Höllerer und Grass oder Mayröcker oder Canetti zeigen –, hatte er praktisch keine Freunde. Tief verunsichert hatte ihn ein Abend kurz nach seiner Abschiebung. Uwe Johnson hatte ihn eingeladen. Es begann sehr herzlich, endete aber desaströs. Johnson muss ihn hinausgeworfen haben, ohne dass B.C. hätte sagen können, warum. Keinen anderen lebenden Schriftsteller hatte B.C. so verehrt wie Johnson, der ja nur fünf Jahre älter war als er, aber schon damals ein ganzes Werk vorweisen konnte. Wegen Johnson hat er sich auch nie nach New York gewagt. Der Einzige, mit dem er sich regelmäßig schrieb, war Jurek Becker.

Aber von all dem, sagte Elzbieta, habe sie eigentlich erst später erfahren. B.C. war der erste Mensch, den sie kennenlernte, der tatsächlich darunter litt, dass es zwei Deutschlands gab, dass das eine ihn hinausgeschmissen hatte und er nicht dorthin zurückkonnte, wo seine Eltern, Geschwister und Freunde wohnten (die er bestenfalls in Budapest oder Prag sehen konnte), und dass er sich im Westen immer noch »wie in einem Hotel« fühlte. Er war ungeduldig mit sich und litt darunter, dass er kein Gefühl der

Zugehörigkeit für das Land empfand, das seine Bücher druckte, ihn zu Lesungen einlud, ihm Preise gab und doch ganz anständig behandelte.

Um B.C. näher zu sein, ließ sich Elzbieta von ihrem Mann scheiden und übernahm eine Praxis in Düsseldorf, sie konnte keine Kinder bekommen, er wollte unbedingt welche, deshalb trennten sie sich einvernehmlich. Dieser Wechsel von Köln nach Düsseldorf fiel ihr schwer, zumal sie sich für die Praxis verschulden und zahlreiche Notdienste übernehmen musste. So kam es zu ihrem schlimmsten Einsatz: Sie wurde gerufen, als B.C. seinen ersten Herzinfarkt hatte – mit fünfundvierzig Jahren. Später gestand er ihr, sie für eine Erscheinung, für einen Traum gehalten zu haben. Sie war schockiert, wie klein, wie schäbig und lieblos eingerichtet und unordentlich die Wohnung der drei C.s war. Im Krankenhaus hatte er davon gesprochen, reinen Tisch zu machen und sich von Ursula zu trennen. Der Junge war sechzehn. Aber es änderte sich nichts. Er lebte weiter ein Doppelleben. »Obwohl es mich unentwegt quälte, machte es mir trotzdem weniger aus als ihm«, sagte Elzbieta. »Ich wusste, dass er mein Mann war, meine Liebe fürs Leben.« Im Frühjahr 1988 hatte B.C. einen zweiten, wenn auch leichteren Infarkt.

Elzbieta nahm ihn direkt aus dem Krankenhaus zu sich. Dort schrieb er einen Brief an Ursula, den er dann selbst überbrachte. Er blieb sogar neben Ursula sitzen, bis sie ihn zu Ende gelesen hatte. Sie soll nur gesagt haben, sie werde ihm antworten. Mehr hat er darüber nicht berichtet. Aber eine Antwort, soviel sie wisse, habe er nie erhalten. Der Sohn ergriff Partei für seine Mutter und verweigerte fortan den Kontakt mit dem Vater.

»Eigentlich«, sagte Elzbieta, »hätten wir jetzt wenigstens miteinander glücklich werden können. Ich hatte die Schulden schneller abbezahlt als erwartet. Auf einmal konnten wir es uns leisten, das Haus nach seinen Wünschen umzubauen und die Fenster und Türen dorthin zu verlegen, wohin er sie haben wollte. Das ganze Viertel lachte über uns. Aber er behauptete, er könne hier erst schreiben, wenn aus diesen Räumen auch seine Räume würden.«

Nichts, so sagte sie und steckte sich eine neue Zigarette an, habe ihm so viel Spaß gemacht, wie den Handwerkern zu sagen: Hier schlagt ein Fenster hinein, hier eine Tür, und die anderen mauert ihr wieder zu. Und wie man sehen könne, sei es ein schöneres Haus geworden, zumindest von innen.

»Wir liebten uns, wie sich nur Menschen lieben, die nicht daran zweifeln, dass sie zusammengehören«, sagte sie. »Das war das eine. Das andere war, dass B. C. nichts mehr tun musste, was er nicht wollte. Ich verdiente genug, ich verdiente so viel, dass er davon auch Ursula und Stephan unterstützen konnte. ›Und ich muss nie wieder einen Artikel schreiben, wenn ich nicht will?‹, fragte er. ›Nie wieder‹, sagte ich. ›Und ich muss nirgendwo mehr hin, wohin ich nicht will?‹ – ›Nirgendwohin‹, sagte ich.

Nebenbei versöhnte er mich auch mit mir. Ich dachte, wirklich glücklich werde man nur mit Kindern. Aber unsere Liebe brauchte keine Kinder und meine Arbeit hatte plötzlich noch einen weiteren, ganz unerwarteten Sinn: Ich sorgte für ihn und hatte so Anteil an seinem Schreiben. Und ich gab auf ihn acht. Täglich maß ich ihm den Blutdruck …«

Sie machte eine Pause, in der sie mich zum ersten Mal, während sie erzählte, ansah, prüfend, aber nichts fragte.

»Wie gesagt«, begann sie dann wieder, »es sind zwei Geschichten, zwei, die eben doch zusammengehören. Die eine könnte heißen: Der Blutdruck und das Schreiben. Und die andere: Der Blutdruck und die Politik. Jedenfalls sehe ich das als Ärztin so.« Sie stand auf und nahm die Küchenrolle, riss ein Stück ab und schnäuzte sich hinein.

»Die erste Geschichte führt dahin, dass ich vormittags überraschend in die Wohnung kam, weil ich irgendwas vergessen hatte. Ich ging zu ihm hinauf und fand ihn ausgestreckt auf der Liege in seinem Arbeitszimmer, rote Flecken an seinem Hals und auf seinen Wangen. Ich kannte das. Aber so intensiv hatte ich es noch nie an ihm gesehen. ›Was soll passiert sein?‹, erwiderte er auf meine Frage und klang dabei so ahnungslos, wie er tatsächlich war, nur dass ich ihm das nicht glauben wollte. Ich fragte erneut, und er sagte lächelnd, glücklich lächelnd: ›Ich habe geschrieben.‹ Nun wisse er endlich, wie er die Geschichte zu erzählen habe, er sei eigentlich so entspannt und ruhig wie seit Monaten nicht mehr. Nur sei ihm wohl vor lauter Glück ein bisschen schwindelig geworden und auch etwas übel. Ich rief den Notarzt. Bleich lag er auf der Trage. ›Ich will nicht sterben‹, sagte er. Wir kamen mit einem Schrecken davon. Er erholte sich so schnell, dass man ihn für einen Simulanten hätte halten können. Am nächsten Tag hämmerte er die Geschichte in die Maschine, ›kühl bis ans Herz‹, wie er von da an immer sagte.

Ich brachte ihn regelmäßig zu einem Kardiologen. Der entließ ihn stets mit demselben Satz: ›Sie dürfen sich nicht so aufregen.‹ B. weigerte sich schließlich, weiter zu ihm zu gehen. Außerdem könne sich dieser Herr, wie B. sich ausdrückte, Aufregung nur als Sex vorstellen, das aber deutlich. Einmal, nachdem ich seinen Blutdruck gemessen hatte, sagte B.: ›Ich kann alles tun, was du willst: mich an der frischen Luft bewegen, mich gesund ernähren, Tabletten schlucken, die mich fertigmachen, keine Einladungen annehmen – das kann ich alles tun. Aber wie soll ich schreiben, ohne in Erregung zu geraten? Kannst du mir das erklären?‹« Sie griff nach ihrem Glas und trank es auf einen Zug aus.

»Sie meinen«, fragte ich Elzbieta, »er stand vor der Wahl: Gesundheit oder Schreiben?«

»Er war ein Vampir, der kein Blut vertrug. Entschuldigen Sie den dummen Vergleich. Der ist von ihm, so hat er es selbst genannt.« Elzbieta lachte auf. Im selben Moment kamen ihr die Tränen. Wieder riss sie ein Stück von der Küchenrolle ab und schnäuzte sich mehrmals.

»Das ist die eine Geschichte, die andere ist komplizierter«, sagte sie und erhob sich. Sie schüttete den Rest Wasser aus meinem Glas und füllte beide Gläser neu unterm Hahn. Es war aber ihr Glas, das sie vor mich hinstellte. Ich wollte sie darauf aufmerksam machen, doch da trank sie schon aus meinem.

»Er kam sich hier manchmal vor wie ein Eindringling«, fuhr sie fort, »der sich in die Geschäfte fremder Leute einmischte. Er spürte deutlich, welches Verhalten von ihm erwartet wurde und welches Befremden auslöste. Wenn er einen Grund sah, sich über die Vorgänge in der DDR aufzuregen, entsprach er der Erwartung. Da hielten sie ihm ein Mikrofon hin. Wenn er über hiesige Zustände herziehen wollte, wurde das Mikrofon eingepackt. Und man erwartete, dass er genug Feingefühl hatte, um dahinterzukommen, warum das so war. Rede du gefälligst zu dem Thema, für das wir dich geholt haben. Wenn wir deinen

Rat brauchen, wirst du es früh genug erfahren. So jedenfalls deutete er die Blicke und Mienen der Journalisten.

Spätestens von September an, ich rede von 1989, schrieb er drei oder vier Artikel und vernichtete sie sofort wieder, weil er meinte: Wer nicht dabei sei, also draußen stehe, solle den Mund halten. Dabei saß er nur noch über Zeitungen, am Radio, vor dem Fernseher. Und als die Ungarn die Grenze öffneten und zehn Tage später sein Cousin Uli vor der Tür stand, wollte er ihn überreden, ihm seinen DDR-Ausweis zu überlassen, um an seiner statt über Ungarn in den Osten einzureisen. Das war natürlich Quatsch, vollkommen unmöglich und ausgeschlossen. Doch er hätte seine Seele dafür verkauft, um in Leipzig oder Berlin oder Plauen dabei sein zu können. Er bereitete sich tatsächlich darauf vor, eine Rede zu halten. Ich sagte ihm klipp und klar, dass ihn so eine Rede umbringen würde, das würde er nicht durchstehen. Nicht reden zu dürfen, sagte er, sei schon das Todesurteil. Das war unser erster Streit. Die Rede erschien mit mehr als zwei Wochen Verspätung und das auch noch unter einem Titel der Redaktion am 4. November in der *Süddeutschen*, wo sie natürlich niemand von denen lesen konnte, für die sie gedacht war. Anfang Dezember hat sie eine Zeitung im Osten nachgedruckt, ohne ihn zu fragen. Da aber stand seine Rede schon schief im Raum, wie er das von nun an immer nannte, da ging es ja längst um andere Sachen. Für mich war das Sabotage oder Demontage, Demontage ist besser, die Demontage von B. C. Ich werde Ihnen das jetzt nicht alles erzählen«, sagte Elzbieta, »seine Fahrten in den Osten, all diese Wiedersehen, all diese Verwandten und Bekannten und Freunde, die bei uns vor der Tür standen und denen er, wenn sie nicht selbst danach fragten, unser Geld regelrecht aufnötigte oder mit denen er einkaufen ging. Und dann die Lesungen in Leipzig, in Ostberlin, in Magdeburg, in Halle und Halberstadt, in Erfurt, Greifswald ... Denken Sie, ich hätte ihn allein dorthin fahren lassen? Das tat ihm alles nicht gut, überhaupt nicht gut. Wenn er beim Schreiben sterbe, sagte ich ihm, dann ließe sich das nicht ändern, das wollte und konnte ich ihm nicht verbieten. Schließlich könne er sich ja auch nicht dagegen wehren, eine Idee zu haben. Aber alles andere, das Drumherum, das sollte er lassen. Daran zu sterben würde ich ihm übelnehmen. Er hat nur gelacht. Angeblich lasse sich das nicht voneinander trennen, der Bürger und der Schriftsteller, das gehöre zusammen. Dabei war das Herumgefahre, die Interviews, das war überflüssig, daran rieb er sich sinnlos auf, völlig sinnlos. Kaum war so ein Interview erschienen, kam er wieder mit seinem Spruch, nämlich dass die Worte schief im Raum stünden, ja, dass es falsch sei, was er gesagt habe. Ich habe lange nicht verstanden, was er meinte und was es war, was ihm so zu schaffen machte.«

»Wissen Sie es jetzt?«, fragte ich.

»Es war absurd, das ist es bis heute – oder auch nicht. Als wäre der Himmel auf die Erde gefallen.«

»Der Himmel auf die Erde gefallen?«, fragte ich.

»Sie müssen es doch gemerkt haben, so, wie man über ihn schrieb und über ihn sprach. Er hat nichts anderes als früher gesagt, aber er geriet in eine Ecke, in die er selbst nicht wollte. Für meinen Vater, der B. bewunderte, weil er im Gefängnis gewesen war, wurde er bald zum Roten, zum Kommunisten, weil er den Beitritt kritisierte. Nach seinem Artikel über den Kosovokrieg war er dann schon ein Schmarotzer, einer, der sich von mir durchfüttern lässt. B. hatte geglaubt, nach der Abwahl von Kohl würde sich etwas ändern. Und es hat sich ja dann auch etwas geändert, nur eben in die falsche Richtung. Dann kamen Afghanistan und die rot-grüne Steuerpolitik und all diese Sachen, die muss ich Ihnen ja nicht erklären. Er war schockiert, von der Distanzlosigkeit, von der Gläubigkeit, ja von der Konformität. Konformität wurde sein Lieblingswort. ›Im Westen gibt es keine Dissidenten‹, sagte er. So wie er über den DDR-Slogan ›Der Sozialismus ist so gut, wie wir ihn machen‹ gehöhnt hatte, so höhnte er jetzt über diejenigen Kollegen, die meinten, für den Westen treffe das aber zu. Sein Widerwillen gegen jene wuchs, die dem Boden vertrauten, auf dem sie lebten, die sich zwar ständig echauffierten, aber über die grundsätzlichen Dinge, die Besitzverhältnisse, den Parteienstaat, die Unterwanderung der Politik durch die Wirtschaft, die Armut, die zwei Klassen im Gesundheitswesen kein Wort verloren oder sich einfach damit abgefunden hatten, dass Geld die Welt regiert. Plötzlich waren es ausgerechnet seine alten Feinde aus der DDR, die meistens das sagten, was er für richtig hielt. Das hat ihn förmlich zerrissen, ja regelrecht gelähmt. Diejenigen, die ihn in Rom und noch Anfang der Achtziger als bürgerlich kritisiert hatten, als Revisionisten oder sogar als einen, der die DDR verraten habe, die bezeichneten ihn jetzt als hoffnungslos links, als einen, der es immer noch nicht kapiert habe, bei dem sich der Widerspruch zur Masche, ja zur Manie entwickelt habe, der seinen verlorenen Dissidentenstatus und seine Unproduktivität damit kompensiere.« Sie stutzte. »Das ist doch meins!«, sagte sie und deutete auf das Glas, das vor mir stand und von dem ich noch nicht getrunken hatte. Erneut leerte sie unsere Gläser ins Waschbecken, wusch sie ab, stellte sie auf die Abtropfe und füllte zwei neue mit Wasser.

»B. fühlte sich mehr und mehr abgehängt. Er wollte gar nicht widersprechen, er konnte es auch gar nicht, es strengte ihn viel zu sehr an. Bis auf seinen amerikanischen Übersetzer Krespel, der einfach nur sagte: ›Welcome to the West‹, konnte er mit kaum jemandem darüber reden.

Manchmal saß er hier, da, wo Sie jetzt sitzen, und gestand mir, er habe sich offenbar geirrt, der und der seien gar nicht so übel, wie es diese oder jene Äußerung damals nahegelegt habe. Er zwang sich regelrecht, Leute zu mögen, von denen er wusste, dass sie einander heute oder morgen wieder über den Weg laufen würden. Aber das ging nie lange gut.

Man könne ein gesellschaftliches System nicht darstellen, ohne dass man ein anderes sehe, sagte er, ein besseres Gesellschaftssystem, das war ein Zitat, sinngemäß, ich weiß nicht mehr, von wem. Daran gemessen werde heute bestenfalls gemäkelt, noch dazu darauf bedacht, das allgemeinste Einverständnis nicht zu gefährden. Es herrscht ein Gesetz, das von Jahr zu Jahr strikter zur Geltung kommt: Widerspruch wird bestraft, Anpassung belohnt. Das ist das Grundgesetz der massenweisen Produktion von Opportunismus.

Er empfand einen tiefen Ekel. Vor allem hatte er jegliche Leichtigkeit verloren, bestimmte Sachen auch mal nicht zu hören, sich einfach nicht dafür zu interessieren. Mit ihm die *Tagesthemen* zu sehen oder einfach nur gemeinsam die Nachrichten zu hören, war eine Tortur. Wäre es nach mir gegangen, ich hätte ihn abgeschottet. Waren wir irgendwo eingeladen, übernahm ich es, an seiner statt zu widersprechen. Das regte ihn weniger auf, denn es fiel ihm schwer, wenn etwas, das er falsch fand, unwidersprochen zu lassen. Natürlich durchschaute er das Spiel, aber er konnte es sich von außen ansehen. Er sprang mir nur bei, wenn ich nicht weiterwusste.

In einem Radiointerview fragten sie ihn, warum er sich heute weigere, das zu wiederholen, was er früher so oft gesagt habe, nämlich dass die DDR ein Unrechtsstaat gewesen sei. Er versuchte, es geduldig zu erklären, dass es heute etwas anderes bedeute als damals, dass dies ganz aktuelle Interessen bediene und es wie ein abschließender Stempel gebraucht werde, ein: ›Erledigt!‹ Und dann könne man über gar nichts mehr sprechen. Nicht darüber, dass dieses Land vielleicht ein besseres Familienrecht und ein besseres Arbeitsrecht gehabt hätte, dass es also hier und jetzt Dinge gäbe, die geändert werden müssten. Nicht darüber, dass man die Kriegsverbrecher enteignet und Kanzleramtsminister Globke, über dessen Schreibtisch die ersten vierzehn Jahre der BRD alle maßgebenden Entscheidungen gegangen waren, als Kriegsverbrecher den Prozess zu machen versucht hatte, wenn auch in Abwesenheit. Dass in diesem Land so früh schon derart gute Filme über die Shoa gedreht worden seien. Und dass die Journalisten es heute gar nicht mehr merkten, dass sie genau wie in der DDR verlangten, Bekenntnisse abzulegen. Er habe sich schon damals diesem Bekenntniszwang verweigert. Und als es sich der Interviewer verbat, das DDR-Unrechtssystem mit dem freien Journalismus der Bundesrepublik Deutschland zu vergleichen, hat er ihn an seine journalistische Aufgabe erinnert, die doch darin bestünde, Differenzierungen statt Schlagzeilen zu liefern. Und nachdem sie sich angebrüllt hatten, hat er versucht, die ganze Geschichte mit der Installation zu erklären, mit dem *Deutschlandgerät*, nämlich dass man etwas, was man mal gemacht habe, nicht einfach in einer anderen Zeit und an einem anderen Ort wiederholen könne, sondern es selbstverständlich neu installieren, also auf den neuen Zusammenhang hin befragen müsse. Es werde zwangsläufig ein anderes Kunstwerk, denn die Geschichte des Kunstwerks werde ja in der modernen Kunst zu einem Bestandteil desselben. Auch die Wörter brauchten eine Neuinstallation, ein Geschichtsbewusstsein, eine Befragung ihrer neuen Funktion.

Aber all diesen Dingen hätte er standgehalten, das hätte ihn nicht zerfressen, wäre da nicht etwas anderes gewesen, nämlich seine eigenen Bücher. Plötzlich standen auch sie für ihn falsch im Raum. Das war der Schock. Das hat ihn in eine Verzweiflung gestürzt, in der er sich verirrte. Er fing an, sein erstes Buch umzuschreiben, es genügte ihm nun nicht mehr. Er fand es unausgewogen, zu wenig Welt darin, zu zentriert auf dieses Land, das es nicht mehr gab, und damit missverständlich. Er wollte es sozusagen neu installieren. Aber es gelang nicht. Plötzlich entdeckte er dieselben Mängel an seinem zweiten Buch, es war schrecklich. Er nahm sich Buch um Buch vor – das war ein Gefühl, als würde ihm sein Werk unter den Händen zerrinnen.

Er versuchte den Verlag zu überreden, keine Neuauflagen mehr zu machen, die stimmten sogar zu – von den Taschenbüchern waren ja meistens noch die Erstauflagen zu haben.

B. schrieb immer exzessiver Tagebuch und hoffte, eines Tages werde er auch wieder fähig sein, eine Geschichte, einen Roman zu verfassen. Zuerst strich er sich selbst alle Lesungen. Dann kam er mit der Idee, nichts mehr zu veröffentlichen, nur noch zu arbeiten.

Er wurde tatsächlich ruhiger, und er arbeitete wie nie zuvor. Am liebsten schrieb er an seinem Tagebuch, seinem Journal, das war die Form, in der er wieder erzählen konnte, in Skizzen oder längeren Passagen. In seinem Journal konnte er alles loswerden, konnte er alles sagen, ohne dass man über ihn herfiel. Er musste keine Rücksichten mehr nehmen.

Sein großes Journal wollte er mit der Beschreibung von *Das Deutschlandgerät* beginnen, das sollte das Paradigma sein fürs Ganze, der Straßenlärm, der die Vitrinengondeln erschüttert. Für ihn war Muchas Installation wie eine musikalische Struktur, wie ein mythisches Erzählmuster, in das B. seine eigenen Erfahrungen einfügen und somit über diese schreiben konnte. Als Zeichen dafür führte er immer die Enden der Verlängerungskabel an, die in den umgestülpten Fußbänken lagen – B. hat immer von ›münden‹ gesprochen – und die das Kunstwerk auch dadurch zu einem unabgeschlossenen gemacht hätten, eines, an das man sich mit seiner eigenen Geschichte anschließen könne, die Verbindung eigener Assoziationen und Gedanken mit denen anderer. Vor allem aber entwickelte er am *Deutschlandgerät* die Idee der Neuinstallation von Begriffen und Geschichten, die für seine eigene Arbeit zum Schlüssel wurde.

Auf diese Art und Weise bekamen seine biografischen Skizzen eine neue Bedeutung. Er interpretierte seine bisherigen Bücher als Kapitel seiner Autobiografie, als die er sein Journal verstand, und das im wortwörtlichen Sinn. Indem er die Bücher in diesen neuen Zusammenhang einbaute, zeigte er nicht nur, aus welcher Situation, vor welchem Horizont sie entstanden waren, sondern er konnte sie auch kommentieren, mögliche neue Varianten einfügen, sie weiterschreiben. Umgekehrt gaben die Werke Aufschluss über jenen, der diese Autobiografie schrieb. An ihnen könnte man lernen, wer er gewesen sei und wie er die Welt damals gesehen habe. So wurde die Autobiografie nicht nur zur Neuinstallation seiner Geschichten, Romane und Aufsätze, sondern zu der seines ganzen Lebens, ein Gedanke, der ihn beglückte.«

Elzbieta hatte auch ihr drittes Glas Wasser ausgetrunken.

»Und dann?«, fragte ich.

»Er hat das alles skizziert. Er hat sogar mit Lehmann darüber gesprochen. Der schien nicht ganz abgeneigt. Plötzlich wurde alles wieder leicht.«

»Und dann ist er gestorben?«

»Ich hatte Albträume, was bei mir heißt, es geht mir gut, der Körper befreit sich von dem Mist, den er in den letzten Jahren nicht losgeworden ist. Ich sah B. bei einer Rede zu, aber es war lautlos, als hätte man den Ton des Fernsehers abgedreht. Ich sah ihn also reden und las ihm von den Lippen ab, was er sagte. Ich wollte es laut sagen, damit alle, die es ihm nicht von den Lippen ablesen konnten, auch wüssten. Aber sie lachten, lachten ihn aus, lautlos, eben wie auf einem Fernsehbild ohne Ton. Und auch ich, ich war nicht zu hören. Als ich aufwachte und die Nachttischlampe anknipste, lag er neben mir, ganz ruhig, die Augenlider nur dreiviertel geschlossen. Ich wollte ihn nicht wecken, ich wollte ihm den Traum morgens erzählen. Ich machte das Licht wieder aus und lauschte, um seinen Atem zu hören …«

Etwas später, Elzbieta hatte schon ein Taxi für mich gerufen, überwand ich meine Skrupel und fragte, ob sie mir sagen würde, was sie in sein Grab geworfen habe?

»Meine Tagebücher«, sagte sie und lächelte. »Ich hatte sie für ihn geschrieben.«

Statt zum Bahnhof ließ ich mich zum Museum fahren, schloss meinen Rollkoffer ein, stieg hinauf in die zweite Etage und stand plötzlich still, als wäre ich an ein Grab, ja vor ein Grabmal getreten. So erschienen mir jetzt die schwarzen Säulen an der Vorderseite, die schwarzen Vitrinen, der Marmor der Cella mit dem schwarzen Filzaufsatz. Ich ging ein paar Schritte umher und setzte mich auf die Bank, die an der Rückseite zwischen den Säulen stand. Ich wunderte mich, wie stark sich meine Wahrnehmung durch die Erzählung Elzbietas verändert hatte, bis ich plötzlich begriff, dass die Monitore nicht funktionierten und dass es still war, dass es keine Motorengeräusche gab und auch nicht die Reifengeräusche auf dem Brückenspalt. Zudem hatte ich nicht einmal eine Eintrittskarte gekauft, sondern hatte von der Garderobe aus gleich die Treppe nach oben genommen. Niemand vom Aufsichtspersonal hatte sich mir in den Weg gestellt. Aber das erklärte nicht, warum *Das Deutschlandgerät* nicht in Betrieb war.

Ich blieb sitzen und wartete, ob jemand kommen würde. Die Stille war angenehm – als würde ich in der Wohnung eines Freundes sitzen und auf dessen Rückkehr warten. Ich sah auf die Marmorwand vor mir. Hätten Sie mich in diesem Augenblick nach meinem größten Wunsch gefragt, hätte ich geantwortet: Ich möchte hier sitzen bleiben. Ich meinte sogar, Elzbieta würde früher oder später nachkommen, und ich selbst täte hier nichts anderes, als auf sie zu warten. Aber das war natürlich Unsinn.

Später streifte ich an den Fußbankvitrinen entlang und betrat schließlich die Cella. Ich sah die Armbewegung B.C.s wieder, mit der er sich vor dem Fernseher verbeugt hatte, und hörte ihn über den Fußboden sprechen, über den Grund, auf dem der Künstler stehe, der nun selbst zum Bild, zum Relief werde, ich sah, wie er gegen das Vitrinenglas schnippste und wohl geglaubt

hatte, ich würde selbst darauf kommen, was das Wichtigste sei.
Aber erst jetzt entdeckte ich, dass die auf das Glas gemalten roten und blauen Umrisse offenbar die Atelierfenster, die ich auf den Monitoren gesehen hatte, auf den Kopf gestellt zeigten, denn das kleine Quadrat war unten, das Rechteck darüber. Nicht nur die Horizontale war in die Vertikale gekippt, die Vertikale war ihrerseits umgestürzt, der Himmel war auf die Erde gefallen. Das waren doch ihre Worte gewesen! Der Himmel war auf die Erde gefallen und umgekehrt wieder aufgerichtet worden – zusammen mit dem Atelierboden, dem Grund, auf dem der Künstler steht.

Wenn ich diese Zeilen hinausgezögert habe, wie ich Ihnen zu Beginn schrieb, so deshalb, weil ich weiß, dass Elzbieta Kühn den Nachlass ihres Mannes sichtet. Sie versprach mir, Kopien zu schicken, sobald sie die Passage (wenn es eine Passage ist und nicht ein ganzes Buch) über *Das Deutschlandgerät* gefunden hat. So weit scheint es aber noch nicht zu sein. Ich gäbe einiges dafür, B.C.s Beschreibungen und Überlegungen zur »schwarzen Maschine« zu lesen. Es liegt in Ihrem Ermessen, ob Sie selbst einen Versuch wagen und bei Elzbieta Kühn anklopfen wollen, oder ob wir uns gemeinsam noch etwas gedulden.

Ich habe von meinem *Deutschlandgerät* erzählt, das heißt, ich selbst kann darüber nicht anders sprechen, als ich es hier versucht habe. Ob das für Ihre Zwecke brauchbar ist, müssen nun Sie entscheiden.

Mit den herzlichsten Grüßen
Ihr ***

Tasso im Irrenhaus

Tasso im Irrenhaus

Ein Tag in der Schweiz

Für Frank Witzel

»Ich schreibe dies in meinem Kaminwinkel, entzückt davon, dass ich mir auf dem Heimweg dieses Tagebuch gekauft habe, das ich an einem glücklichen Tag beginne. Möchte ich doch fortfahren, mir oft auf diese Weise Rechenschaft über meine Eindrücke zu geben! Ich werde hieran immer wieder sehen, wie viel man gewinnt, wenn man seine Eindrücke niederschreibt und sie in der Erinnerung zu ergründen sucht.«

Ich habe diese Zeilen im Flughafenzug von Rom-Termini nach Fiumicino gelesen und sofort in meinem Notizbuch festgehalten. Sie stehen am Ende der ersten Eintragung, mit der Eugène Delacroix sein zweites Journal am Dienstag, dem 19. Januar 1847 beginnt. Die Lektüre seines Journals hat mich in eine Stimmung versetzt, wie sie mir mit sechzehn oder siebzehn vertraut gewesen war, als ich im Führen eines Tagebuchs oder, wie ich es bald großspurig nannte, eines »Arbeitsjournals« meine eigentliche Aufgabe, ja meinen Lebenssinn gesehen hatte. Indem ich täglich versuchte, meine Eindrücke und Gedanken schriftlich festzuhalten, traf ich die einzige mir mögliche Vorkehrung, das Erlebte nicht wieder zu verlieren. Welchen Sinn hätte denn mein Älterwerden, wenn ich das meiste vergaß und die einzelnen Tage oder Wochen ununterscheidbar wurden? Schreibend gab ich mir einen Halt, wie Bergsteiger Eisenringe in den Felsen schlagen, um sich vor dem Absturz zu sichern, vor allem aber, um sich abseilen zu können. Dank meines Tagebuchs würde ich mich zu jeder beliebigen Zeit meines Lebens abseilen können. Meine frühen Tagebücher endeten am 3. November 1981, dem Tag vor meiner Einberufung zum Grundwehrdienst, einem Tag, den ich schreibend verbrachte. Der Abschied vom Tagebuch war für mich die schmerzhafteste Trennung. Briefe sind kein Ersatz. Nach Ablauf der anderthalb Jahre aber versandeten alle meine Versuche, wieder das Leben eines Tagebuchschreibers zu führen. Warum? Vielleicht missglückte es mir zu oft, mein Tun und Handeln zu rechtfertigen. Ich glaubte, den, der ich war, endlich loswerden zu müssen. Das Tagebuch war ein Richter, der mich mehr unter Druck setzte, als mir lieb war. Und jetzt sollte Delacroix der Grund dafür sein, mich wieder in täglichen Aufzeichnungen zu üben? Oder die Freiheit dieses einen Tages? Oder der Tote von heute Morgen?

Sonntag, 20. Mai 2007, Rom, kurz nach Sonnenaufgang. Ich gehe von der Villa Massimo hinunter in Richtung Piazza Bologna. Die Schatten, die die Häuser in dem hellen und überaus klaren Licht werfen, erscheinen mir größer und dunkler als zu jeder anderen Tageszeit. So früh bin ich hier noch nie unterwegs gewesen. Mein Rollkoffer klackert einen wilden Rhythmus auf dem Gehsteig. Am liebsten wäre ich ganz ohne Gepäck aufgebrochen.

In vier Wochen muss ich in Winterthur über den *Tasso* von Delacroix sprechen. Ursprünglich wollte ich den Text anhand der Abbildung im Sammlungskatalog schreiben. Doch die Sache kam nicht vom Fleck. Als ich mich daran machte, die anstehende Lesereise zu buchen, die in Ravensburg beginnen sollte, schlugen mir die Veranstalter vor, über Zürich zu fliegen, also von Süden her anzureisen, statt über München. Das wäre schöner. Und wenn ich wollte, könnte ich sogar über den Bodensee schippern. Ich entschied mich für diese Route und auch dafür, einen Tag früher zu fahren, als ich sah, dass Winterthur auf der Strecke vom Züricher Flughafen zum Bodensee liegt. Im selben Moment glaubte ich, mir würde ein Tag geschenkt, ein Tag für mich allein, ohne Familie, ohne Termine, ja es kam mir in der Tat so vor, als erhielte ich einen Tag zusätzlich zu meinem Leben. Meine Frau fragte mich, ob am Montag nicht auch noch genug Zeit wäre, die Fahrt für zwei Stunden in Winterthur zu unterbrechen; sie blieb ungern allein mit unseren drei Söhnen, deren mittlerer sich in den letzten Wochen in der Rolle eines Rüpels einzurichten begann.

»Am Montag«, erwiderte ich, »ist das Museum geschlossen.« Ich war selbst überrascht, wie prompt mir das eingefallen war.

Auf dem Gehsteig der Viale XXI Aprile surrt mein Koffer auf dem Asphalt. Die wenigen Fußgänger, selbst die Autos, könnte ich mühelos abzählen.

Als ich die Piazza Bologna erreiche, bleibe ich stehen, um mein Portemonnaie herauszunehmen – die schwarze Signora sitzt bereits auf ihrem Platz vor der Post. Ich finde nur Centstücke und eine Zwei-Euro-Münze. Mit ihrem beladenen Einkaufswagen und den sie umhüllenden Decken und Tüchern sieht sie aus, als hätte sie ihr Leben nur von New York nach Rom verlegt – die beiden Städte, ich habe das nie überprüft, sollen auf demselben

Breitengrad liegen. Früher stand auf dem Pappschild vor ihren Füßen:»*I'm poor but happy*«, jetzt lese ich:»*I'm poor. Please help me!*«

Sie ist eingenickt, der vornüber gefallene Kopf ruht auf den schmalen Ringen ihres Doppelkinns. Ich bin schon an ihr vorbei, als ich mich umwende und ihr meinen Obolus entrichte. Im selben Moment, da die Münze im Pappbecher auftrifft – offenbar die erste Einnahme des Tages –, schlägt sie die Augen auf und lacht.

»*Grazie, Baby, God bless you, take care, take care.*« Sie hebt den Kopf zum Gruß, wobei die Fältchen des Doppelkinns wie Skalenstriche an ihrem Hals erscheinen. Mit der Rechten winkt sie mir zu, indem sie die Hand mehrmals öffnet und schließt. Lag es an der Zwei-Euro-Münze, deretwegen ich mich hatte vorbeistehlen wollen? Hegte ich die Absicht, die Zwei-Euro-Münze für einen Bedürftigen am Bahnhof Termini aufzusparen, einen, der mich zumindest ansehen oder gar ansprechen wird und den ich nun enttäuschen werde? Warum sonst war plötzlich ein solch sinnloser Geiz über mich gekommen?

Auf dem Bahnsteig der Linie B in Richtung Laurentina gehe ich entgegen der Fahrtrichtung. Ich brauche den letzten Einstieg des vorletzten Wagens, um in Termini den kürzesten Weg nach oben zu haben. Am Fuße der Rolltreppe zum Ausgang hat sich eine Gruppe von Polizisten postiert. Bis auf die beiden Carabinieri tragen sie entweder hell- oder dunkelblaue Uniformen. Steht eine Razzia gegen fliegende Händler bevor? Die Polizisten scheinen einander zu frotzeln, sie lachen, ohne laut zu werden. Erst im Näherkommen bemerke ich zwischen ihnen zwei mit weißen Planen verhängte Absperrgitter, die zu den Schienen hin keilförmig aufeinandertreffen. Ich erwarte, am Weitergehen gehindert zu werden – zwischen der Spitze der Gitter und der Bahnsteigkante bleibt ein Nadelöhr von nicht mal einem Meter –, aber die Uniformierten mustern mich nur. Gleich dahinter bleibe ich am Gitter stehen. Wegen ihrer hellblauen Monturen, deren Ärmel und Bund Leuchtstreifen zieren, habe ich die beiden Putzfrauen unter den Uniformierten übersehen, die sich nun gleichzeitig ihrer Jacken entledigen und sie sich unter den Blicken der Männer um die Hüfte schlingen. Gleich darauf nesteln beide Frauen an ihrem Pferdeschwanz. Bei einem der Polizisten spannt das kurzärmelige Hemd an den Oberarmen. Eine Bewegung seiner Bizeps könnte reichen, um den Stoff zu zerreißen.

Ich will mich schon abwenden, als ich das grüne Tuch auf dem Boden zwischen den Gittern bemerke, darunter zwei sich abzeichnende Schuhspitzen, sie weisen nach außen. Ich stehe zu Füßen eines Toten!

Bin ich der Einzige, dem das bisher entgangen ist? Die Uniformierten scheinen zu wissen, dass alle Augen auf sie und das Corpus Delicti in ihrer Mitte gerichtet sind. Umso unverständlicher wirkt ihr Gehabe auf mich. Sie führen sich auf, wie ich es vor wenigen Tagen bei einem Trauergottesdienst erlebt habe, bei dem in der hintersten Bankreihe die jungen Männer tuschelten und kicherten und es nicht erwarten konnten, endlich wieder laut lachen und rauchen zu können. Die Uniformierten tragen eine unverhohlen gute Stimmung zur Schau.

In den Gesichtern der Neuankömmlinge, die vom Fahrstuhl am Ende des Bahnsteigs oder gleich mir von der Rolltreppe herkommen, suche ich nach einer Regung, einer Geste, die den Moment markiert, in dem sie der Schuhe unter dem grünen Tuch gewahr werden. Eine Frau in meinem Alter stößt einen Laut aus, ohne den Mund zu öffnen. Ich lege mir die Frage *Che è successo?* zurecht, eine Wendung, die ich erst vergangene Woche gelernt habe. Und schäme mich zugleich meiner Neugier. Ich sehe doch, was passiert ist! Im selben Augenblick kehrt ebenjene Frau um und nähert sich fast schlendernd den Uniformierten. Einer mit Halbglatze geht ihr zwei, drei Schritte entgegen. Er nickt, während sie spricht. Spricht er, schüttelt sie den Kopf. Dann schweigen beide, er lächelt verlegen. Sie wippt kurz auf die Zehenspitzen und wendet sich dann wieder ab. Täusche ich mich oder kämpft auch sie mit diesem verdammten Lächeln? *Che è successo?* Im Luftzug der einfahrenden Metro treten die beiden Putzfrauen an das Gitter heran. Mit dem ganzen Körper drücken sie sich dagegen, um ein Aufflattern der Planen zu verhindern. Diese Bewegung, bei der sie die Arme ausbreiten und auch die Beine ein wenig grätschen, wirkt gekonnt und routiniert und geschieht ohne Hast und ohne jedes weitere Wort, als gehöre dies zu ihren üblichen Aufgaben.

Ich habe einen jener seltenen Flüge vor mir, bei denen ich weder am Ort des Abflugs noch am Ort der Ankunft zu Hause bin, ich, ein Reisender, losgelöst von seinem Herkommen, der sich überall und ganz und gar der Betrachtung der Welt hingibt und seine Beobachtungen notiert. Habe ich nicht immer ein solches Leben ersehnt? Und nun – wenn auch nur für einen Tag – berühren Traum und Wirklichkeit einander tatsächlich.

An der Bar, die auf dem Weg zu den Gates liegt, fällt mir das Gesicht einer Frau auf, das wie eine Collage aus zwei Gesichtshälften wirkt, einer oberen mit dunklen Augen und spitzer Nase und einer unteren, die fast ausschließlich aus ihrem vollen breiten Mund besteht. Dazwischen ist nichts, das vermitteln würde. Ausgerechnet diese Signora lässt sich grußlos auf dem Gangplatz meiner Reihe nieder. Kaum dass sie sitzt, beugt sie sich vor und zurück, um an mir vorbei hinauszuspähen, als erwartete sie vor dem Bullauge jemanden zu sehen, der ihr zum Abschied zuwinkt. Ich drücke mich in meinen Sitz, aber auch das beruhigt sie nicht. Über den freien Platz zwischen uns gebeugt, fährt sie fort, ihren Blickwinkel mal nach rechts, mal nach links zu erweitern. Etwas genervt biete ich ihr schließlich meinen Fensterplatz an. Doch statt endlich beschämt stillzusitzen, nimmt sie mein Anerbieten huldvoll an, löst ihren Sicherheitsgurt und erhebt sich, sodass nun auch mir nichts anderes übrig bleibt, als mich loszuschnallen und mich hinauszuschieben. Mir macht es nichts aus, mich wie ein Trottel benommen zu haben. Mich ärgert nur die überflüssige Schramme an meinem glücklichen Tag! Statt aber nun hinauszusehen, entnimmt sie ihrer Handtasche einen Lippenstift samt Spiegel und beginnt, das Bullaugenfenster im Rücken, ihren Mund noch röter zu malen, als wäre das ihre Art, sich bei mir zu bedanken oder mich zu verhöhnen.

Als die Maschine startet, denke ich zum ersten Mal an die Jungs und an meine Frau. Die letzten Wochen, ja Monate habe ich damit zugebracht, meine Arbeitszeiten ihnen gegenüber zu verteidigen, so wie meine Frau versucht hat, ihre Arbeitszeiten den Kindern und mir gegenüber zu verteidigen. Jetzt überrascht es mich doch, wie wenig Zeit und Distanz vonnöten sind, unser Familienleben wieder in einem milderen Licht zu sehen.

Das Journal von Delacroix ist für eine Lektüre im Flugzeug eigentlich zu schwer. Doch der Tisch, den ich von der Rückenlehne vor mir herabklappe, eignet sich auch als Lesepult. Während sich die Reisenden um mich herum ihrer Müdigkeit ergeben – die Signora auf meinem Fensterplatz schlief bereits beim Start –, werde ich von Seite zu Seite munterer.

Die Sammlung Oskar Reinhart *Am Römerholz* hatte ich schon einmal im Frühjahr 1995 besucht, wenige Wochen, nachdem mein erstes Manuskript vom Berlin Verlag akzeptiert worden war und ich die Frage »Und was machen Sie?« endlich problemlos beantworten konnte. Damals hatte ich sogar von der Sammlung aus mit meinem Verleger telefoniert, wir stritten noch um den Titel des Buches. Als ich ihm sagte, von wo aus ich anrufe, geriet er ins Schwärmen. Auch in seinem Verlag stecke Reinhart'sches Geld, Geld aus dem Fernhandel mit Indien. Damals hatte mich diese Mitteilung gefreut, so als würde mir bescheinigt, ab jetzt zur Familie zu gehören, wenn auch nur angeheiratet und das in einer entfernten Linie. Aber letztlich war ich eben doch ein Verwandter, der zum ersten Mal die Villa seines Großgroßonkels betritt.

Auf der Suche nach meinem *Tasso* bin ich aufgeregt, als hätte ich auf eine Kontaktanzeige geantwortet. Ich zwinge mich, Raum für Raum zu genießen. Bis auf ein junges asiatisches Paar und einen älteren Herrn im Anzug, der selbst hier drinnen seine Schiebermütze nicht abnimmt und um den Hals einen groben rotschwarzen Schal mit Fransen trägt, bin ich allein. Während der Herr wie angewurzelt vor einem Bild verharrt, flaniert das Paar durch die Räume, mehr mit sich und seinem Handy als mit der Kunst beschäftigt. Mir aber kommt es vor, als wäre jedes Bild für mich allein hierher gehängt worden. Unbedrängt von palavernden Schaulustigen oder Museumspädagogen kann ich verweilen oder weitergehen, ganz wie es mir beliebt. Spätestens vor Géricaults *Geisteskranker mit militärischem Größenwahn* zweifle ich daran, mich, als die Einladung kam, für das richtige Bild entschieden zu haben. Gibt es etwas Gegenwärtigeres als diesen alten Mann – der wahrscheinlich gar nicht so viel älter ist als ich –, ausgespuckt von den napoleonischen Schlachtfeldern, traumatisiert, zerstört, verbittert. Den Mantel über seine Schulter gehängt, scheint er bereit, erneut aufzubrechen, die Schlacht noch einmal zu schlagen, diesmal jedoch als General. Die Marke um seinen Hals ähnelt dem in der Mitte perforierten Metallplättchen, das auch wir als Soldaten bei uns zu tragen hatten. Im Fall meines Todes wäre eine Hälfte bei meinen Überresten verblieben, die andere war für die Gefallenenliste bestimmt. Hätte ich den Géricault gewählt, schriebe sich der Text fast von allein.

Es braucht nur eine leichte Drehung, und ich entdecke wie über die Schulter des Größenwahnsinnigen hinweg meinen *Tasso im Irrenhaus* im angrenzenden Raum. Ich habe mir das Bild größer, auch monumentaler vorgestellt, obwohl ich um die Maße (60,5 mal 50 Zentimeter) wusste. Die Farbigkeit ist anders als im Katalog, dessen Reproduktion erscheint mir jetzt grünstichig. Bis auf die leuchtenden Weißpartien von Tassos Hemd und dem Dunkelgrün des Vorhangs scheint es nur eine Palette von schwarz bis hellbraun zu geben.

Tasso sitzt auf einer Chaiselongue, den Kopf in die linke Hand gestützt, den Ellbogen auf der Lehne, der rechte Arm liegt angewinkelt über dem Schoß. Er brauchte sich nicht zu bewegen, er müsste nur aufblicken, um mir in die Augen zu sehen. Doch er wird selbst dort, wo sein Blick auf den Boden oder die Wand trifft, nichts wahrnehmen, so in sich versunken ist er. Sein Hemd ist weit geöffnet, der Oberkörper halb entblößt. Über den Oberschenkeln liegt eine Decke, die, in ihrem Braunton kaum dunkler als seine Haut, das rechte Bein ganz verhüllt, das linke, das er anhebt, wird erst oberhalb des Knies bedeckt. Tasso ist abgemagert »bis auf die Knochen«. Neben ihm und auf dem Boden verstreut finden sich Zettel. Die drei Figuren, die zum vergitterten Fenster hereinsehen, gehen ihn nichts an. Das Fußende der Chaiselongue, auf dem zwei Papiere übereinanderliegen, steht unter dem Fenster, das auf Hüfthöhe beginnt und dessen obere Begrenzung außerhalb des Bildes liegt. Während die männliche Figur am linken Bildrand den Dichter fixiert, langt ihr linker Arm, die Achselhöhle liegt auf der Unterkante des Fensters auf, in die Zelle hinein, ihr ausgestreckter Zeigefinger ist kurz davor, die beiden Papiere zu erreichen.

Sind es neue Gedichte? Sind es Briefe? Tagebuchnotizen? Oder Bittgesuche an den Herzog von Ferrara? Es ist nur noch eine Frage weniger Augenblicke, dass die Blätter gestohlen werden und Stoff für Gaudi und Hohn liefern, Trophäen, die man verschachert. Tasso wird den Diebstahl kaum bemerken, geschweige denn den Kerl daran hindern. Seine Gleichgültigkeit ist gespenstisch. Er scheint daran gewöhnt, Tag für Tag begafft zu werden.

Wer sind die Frauen und der Mann? Anders als bei den Figuren auf dem gleichnamigen Bild von 1824, das Delacroix fünfzehn Jahre zuvor als 26-Jähriger gemalt hatte, deutet nichts darauf hin, dass es sich bei den Fensterfiguren um Mitinsassen des St.-Anna-Hospitals von Ferrara handelt, in dem Tasso für sieben

Jahre interniert war. Auch wenn Delacroix, so wie Goethe oder Byron, das Hospital noch hätte besichtigen können – an historischer Wahrheit ist ihm nicht gelegen, sonst säße Tasso nicht auf einer modischen Chaiselongue. Die Frauenfigur, die sich vom rechten Fensterrand herüberbeugt und dabei einen der Gitterstäbe ergreift, hat ein schmales Gesicht, zusammengebundenes schwarzes Haar, ein leuchtendes Dekolleté. In ihrem Blick liegt ein Zögern, als müsste sie Scheu oder gar Scham überwinden, um hineinzusehen. Oder täusche ich mich? Auf ihr ruht etwas von jenem Licht, das Tassos weißes Hemd zum Leuchten bringt. Kommt das Licht von der Sonne? Dann müsste das Fenster, vor allem dessen obere linke Ecke, heller sein. Aus der Zelle? Aber warum bleibt dann der Arm des Mannes im Dunkel? Warum sind die Papiere so hell und die Mauer fast schwarz, warum erscheint die Frau wie von einer Fackel erhellt?

Fast noch mehr als die Spannung zwischen Tasso und den drei Figuren am Fenster sorgt der Widerspruch in ihm selbst für Unruhe. Tasso ist zurückgesunken, während sich sein linkes Bein bewegt. Schlägt er es gerade über das rechte? Will er die Füße nebeneinanderstellen, um aufzustehen?

Bei Baudelaire, der das Bild wohl 1843 gesehen hatte, findet sich, wenn ich mich richtig erinnere, noch eine weitere Variante. Sein Gedicht auf den *Tasso im Gefängnis* – ›Irrenhäuser‹ gab es damals ja noch nicht – von Delacroix beginnt mit der Beschreibung des zerlumpten, verhärmten und im Fieber delierenden Dichters, der unter seinen Füßen ein Manuskript hat, ja sein Werk im Wahn sogar tritt. Das passt zu Tasso, aber nicht zum Bild. Dafür sind die Briefe, die angedeuteten Siegel weisen sie als solche aus, zu weit entfernt. Selbstzweifel müssen dem realen Tasso allerdings immer wieder schwer zu schaffen gemacht haben, sonst hätte er sein Hauptwerk, *Die Befreiung Jerusalems,* nach dessen Abschluss publiziert und nicht alle Welt um Rat gebeten, was daran noch zu verbessern sei.

Nicht nur der über dem Oberschenkel liegende Mantel macht den Eindruck, als fesselte er das rechte Bein. Der Vorhang, der das Bild in eine Fenster- und eine Tassohälfte teilt, berührt den Dichter nicht. Trotzdem scheint er mit seinem ganzen Gewicht auf ihm zu lasten, ja sich regelrecht auf ihn zu ergießen, als wäre er der sichtbare Ausdruck eines Albs, der Tasso die Seele beschwert. Die Gegenbewegung dazu vollführt sein linkes Bein, rätselhaft in ihrem Sinn und Zweck. Das nackte Knie im Vordergrund und der Vorhang im Hintergrund treffen für den Betrachter diametral aufeinander. Die Kräfte brechen seitlich aus, der Vorhang führt nach links zu den beiden Zetteln, nach rechts wallt der Stoff als Tassos Decke auf die Chaiselongue oder fließt über das rechte Bein herab.

Ganz gleich, was die Intention hinter Tassos Bewegung sein soll, mit ihr verliert er, und sei es nur für einen Augenblick, den Boden unter den Füßen. Das verhüllte Bein verleiht ihm keinerlei Stabilität mehr. Die Lehne wird zum einzigen Halt, sonst scheint da nichts mehr zu sein. In dem dunklen Dreieck in der rechten unteren Ecke des Bildes zeichnen sich schwach konturiert ein Krug und etwas, das ein Kanten Brot sein könnte, ab. Der Rest ist finster, Abgrund, Nichts. Als befinde sich Tasso an Bord eines Kahns, der über schwarzen Tiefen schaukelt, in die er jeden Augenblick hinabsinken kann. Statt Figuren und Dingen sehe ich plötzlich nur noch Farben, Farben, denen ich mich überlasse, als würde ich gemeinsam mit Tasso untergehen.

Reflexhaft schließe ich das Notizbuch, ich wende mich ab. Hat er mir über die Schulter geschaut? Der Herr im Anzug nickt mir zu und nimmt, welch übertriebene Geste, zum Gruß seine Schiebermütze ab. Wie lange hat er mich schon beobachtet? Der Schal um seinen Hals ist der Fanschal eines Fußballklubs, Anzug samt Weste, braunkariert, sind dagegen aus einem edlen Stoff, das fällt sogar mir auf.

»Sie haben nicht lockergelassen, odder?«, sagt er und hebt gestikulierend die Hand mit der Schiebermütze. Ich schätze ihn auf Mitte sechzig. Doch sind es Kinderaugen, die er durch seine starken Brillengläser auf mich richtet. »Ein gutes Bild, odder?«

»Ja«, sage ich und wende mich wieder dem *Tasso* zu.

»Sie kommen aus Deutschland?« Er lässt nicht locker. Tasso scheint jetzt zu schweben, ja der ganze Bildraum ist aus den Fugen, unklar, wo Boden und Wand aufeinandertreffen, welchen Winkel die Wände bilden.

»Das ist Kunst, odder?«

Wenn man sich vorstellt, wer schon alles vor diesem Bild gestanden haben muss! Nun bin auch ich in die lange Reihe von Betrachtern eingetreten, die mit Delacroix beginnt, in der früh Baudelaire steht und so immer weiter durch die Zeiten bis zum gegenwärtigen Augenblick.

»Immer wenn man etwas weiß, dann gibt es gleich wieder etwas anderes, das dem widerspricht, odder?«

Ich bin irritiert von dem undefinierbaren Gegenstand, der Tassos Ellbogen teilweise verdeckt, und von dem »odder« des Mannes. Offenbar will er mein Schweigen missverstehen! Ich möchte nicht reden, ich brauche keine Begleitung!

»Es ist alles so und so.« Er ist um mich herumgegangen und hat sich mir gegenüber, auf der anderen Seite des Bildes, aufgestellt. Seine rechte Hand bewegt er, als hielte er eine Sanduhr zwischen Daumen und Zeigefinger und drehte sie hin und her. »Es bleibt alles ambivalent, odder?«

Ich nicke. Er entwendet mir meine Gedanken.

»Das ganze Leben ist ambivalent«, fährt er fort, als hätte ich ihn gebeten, mir seine Ansichten mitzuteilen. »Alles ist ambivalent, odder?«

Warum, frage ich mich, zieht Tasso den Vorhang nicht einfach zu? Weil er dann, ohne Tageslicht, im Dunkeln säße? Aber das Licht kommt nicht von draußen.

»Nur der Titel ist falsch, ganz falsch«, fährt er fort. »*Tasso im Irrenhaus* könnte das Bild ohne die drei da am Fenster heißen. Delacroix aber erzählt ja gerade von den drei Leuten, die gekommen sind, ihn sich anzuschauen, ihn zu besichtigen. Keiner weiß, ob sie das dürfen oder ob man sie ermuntert hat. Was für ein Spektakel! So ein berühmter Mann in diesem mondsüchtigen Zustand, völlig desolat, eine morbide Sehenswürdigkeit, eine Attraktion, man muss nicht mal zahlen. Es geht um die Schaulust, um unsere eigene Schaulust, odder! Wir gehören dazu! Auch wir beobachten Tasso, starren hinein in die Zelle, betrachten das irre Genie und prahlen später damit, odder?«

Nun ist er es, der das Gemälde nicht mehr aus den Augen lässt. Eine Narbe zieht sich vom Mundwinkel her über seinen rechten Unterkiefer. Wenn er nicht spricht, bewegt er den Unterkiefer hin und her, als müsste dieser irgendwo einrasten.

»Das Sehen wird verdoppelt«, sagt er, »es ist wie ›Theater im Theater‹. Und bei einem Beobachter wie Delacroix, bei diesem

Künstler des Spektakulären und der Exzesse, ist es auch eine Selbstkritik, odder? Bin ich nicht auch einer, könnte er sich fragen, der die Schaulust stimuliert? Und wir Betrachter sind der vierte Mann am Schlüsselloch!« Dieser Gedanke ist mir noch nicht gekommen. Ich nicke abermals und ärgere mich sofort darüber.

Nun doziert er über die Unterschiede zwischen den drei Figuren, und dass es gleichgültig sei, wer wie und mit welcher Absicht hineinspäht oder ihn begafft. Die Tatsache an sich genüge schon, sie nivelliere alle Unterschiede. »Denn Beobachter sein, das ist nichts. Der Beobachter sieht nichts!«

Ich will dieser Unlogik widersprechen, beherrsche mich aber, weil er mir das als Interesse, als Ermutigung zum Weiterreden auslegen würde. Außerdem habe ich das schon mal gehört oder gelesen. Aber wo? Will er mich dumm reden? All die Beobachtungen, die ich heute gemacht habe, waren doch real! Ich habe etwas gesehen! Oder ist man, sobald man tatsächlich etwas sieht, schon kein Beobachter mehr?

»Dass der Beobachter etwas sieht, glaubt nur, wer nie den Schatten Descartes' verlassen hat«, dekretiert er.

»Was haben Sie gegen den armen Descartes?«, frage ich. Verzieht er den Mund meinetwegen? Oder hat er Schmerzen?

»Niemand existiert, weil er denkt. Eher schon, weil jemand *an* ihn denkt, odder?«

»Und wenn der, an den ich denke, bereits tot ist?«

»Dann ist das ein Beweis seiner Existenz, odder?«

»Aber was nützt ihm dann diese Existenz noch?«

Er schweigt. Habe ich ihn schachmatt gesetzt? Oder unter seinem Niveau geantwortet?

»Kennen Sie den anderen *Tasso*, das Bild von 1824?«, beginnt er von Neuem.

»Aus dem Katalog.«

Er macht eine wegwerfende Handbewegung, die offenbar der zu kleinen Schwarzweißabbildung im Katalog der Sammlung gilt. »Der erste *Tasso* ist eindeutig, fast eindeutig. Den *Tasso* von 1824 haben sie gerade erst eingeliefert. Noch gehört er der Welt da draußen an, so vollständig gekleidet, wie er dahockt. Er weiß um jene ungebetenen Besucher, die sich eingeschlichen haben, die Alteingesessenen des Hospitals, die jeden Neuankömmling schadenfroh in Augenschein nehmen. Auch wenn er schon, wie unserer hier, den Kopf aufstützen muss, stützt er ihn immerhin auf die Faust.« Mein Gegenüber ballt kurz seine Linke zur Faust, wie um mir zu beweisen, er habe Kraft, er habe noch ›Mumm in den Knochen‹.

»Er sitzt aufrecht, den Blick nach innen gerichtet; versunken ist er schon, aber ins Licht gekehrt. Querformat wirkt immer ruhiger, die Eindringlinge und Tasso lassen sich zur Pyramide ergänzen, odder?« Mit der freien Hand zeichnet er ein Dreieck in die Luft. »Unseres hingegen steht auf der Spitze, sehen Sie?« Er wiederholt seine Luftzeichnerei im größeren Maßstab unmittelbar vor dem Gemälde. Eigentlich müsste das einen Alarm auslösen. Nun sieht er mich an, als wollte er gelobt werden.

Ich wiederum möchte meinen Tasso anflehen, sich nicht von mir abzuwenden, sich nicht in die Arme dieser Klette zu werfen, noch dazu in meiner Gegenwart. Mir soll er sich offenbaren, nicht ihr.

»Ein Detail an dem frühen *Tasso* aber ist ganz großartig.« Der Herr macht eine lehrerhafte Pause, als wünsche er, die Antwort von mir zu hören. »Seine Weste ist oben und unten zugeknöpft, öffnet sich jedoch auf Höhe des Brustbeins.« Er tippt sich tatsächlich auf die Brust, auf einen Knopf seiner Weste. Jetzt öffnet er sogar den Westenknopf! Zwei Finger steckt er hindurch. Die bohren sich durch die Knopfleiste des Hemds, bis das Weiß des Unterhemds hervorblitzt. Zum Glück gibt's ein Unterhemd!

»An dieser Stelle ist sein Wams geöffnet, vielleicht fehlt nur ein Knopf, aber was sehen wir da? Seine Haut, seine Brust, seinen Körper! Und was bedeutet das?« Jetzt kratzt er sich auch noch ausgiebig, als wäre es ihm vor allem darum gegangen.

»Es ist die Wunde Christi! Es nützt ihm nichts, gut ausstaffiert zu sein, dem Hofpoeten nützt es nichts, odder? Er ist schon getroffen, verwundet. Aber noch ist es nur der erste Tag im Kerker, noch glaubt er an einen Irrtum, noch staunt man hier über den hohen Herrn, denn die hohen Herren erwischt es selten, eigentlich nie, odder?«

Ich möchte mein Gegenüber bitten, Hemd und Weste wieder zu schließen. Stattdessen wedelt er erneut mit der Mütze in Richtung des Bildes.

»Unserer hingegen«, sagt er, »unserer hat keine Illusionen mehr, er lebt allein in sich, weit weg vom Hof. Er merkt nicht mal, dass er sich entblößt und die Etikette verletzt. Und was hat er geschrieben? Käme er draußen überhaupt noch zurecht, käme er klar mit unsereinem in unserer schönen täglich neuen Welt? So einer muss eingesperrt werden! Jawohl, eingesperrt, odder?«

Ich nehme mir vor, beide *Tassos* zu vergleichen, das sollte erhellend sein.

»Große Kunst, odder?«, wiederholt er und lächelt, als habe er in seinen Backen ein Bonbon versteckt.

»Ich brauche einen Kaffee«, sage ich. Warum sage ich nicht, dass ich allein sein will, allein und ungestört, warum sage ich nicht: ›Mein Herr, ich bin nicht einen ganzen Tag früher von Rom aufgebrochen, um mit Ihnen hier zu plaudern, ich will allein sein und ungestört!‹

»Einen Café?«, fragt er.

»Einen Café«, ahme ich ihn nach mit der Betonung auf der zweiten Silbe.

»Darf ich Sie begleiten?«

Während er geradezu beschwingt in Richtung Museumscafé vorauseilt, folge ich ihm wie ein Häftling. Das junge asiatische Paar treibt sich noch immer herum. Oder ist es ein anderes? Die beiden stehen mit dem Rücken vor Géricaults *Studie eines Geköpften*, er hält ein Handy vor sich in die Höhe, offenbar eines mit Kamera. Sie wollen sich selbst auf der Reise sehen. Sie wollen sich selbst anderen auf der Reise zeigen. Wie alltäglich, wie allgegenwärtig das geworden ist. Ich komme mir alt vor, alt und schwer. Die typische Pseudo-Depression, die mich stets überfällt, wenn ich zu wenig geschlafen habe. Ich hole meine Umhängetasche mit dem Portemonnaie aus dem Schließfach. Am liebsten würde ich jetzt gehen, zumindest die Terrasse verlassen und mich auf dem Rasen ausstrecken und die Augen schließen. Stattdessen nehmen wir einander gegenüber an einem kleinen Tisch im Schatten Platz. Sein Blick ist immer derselbe, ungeniert und kindlich zugleich. Er will wissen, woher ich komme.

»Aus Rom«, sage ich, ohne mich weiter zu erklären. »Und Sie? Gehen Sie zum Fußball?«

Er hält mir den Schal unter die Nase: AC Torino – dieser Mannschaft habe er immer angehangen. Jetzt hießen sie FC Torino, aber für ihn blieben sie der AC. »Am 4. Mai 1949, fünf Spieltage vor Saisonende, sie hatten die Meisterschaft schon sicher, sind sie nach Lissabon geflogen, ein Freundschaftsspiel gegen Benfica. Auf dem Rückflug …«, er macht eine Pause. »Alle sind umgekommen.«

»Sie halten den Toten die Treue«, erwidere ich und unterdrücke ein Gähnen, wobei ich mich dabei ertappe, den Unterkiefer wie er zu bewegen. Statt zu antworten, dreht er sich mit dem ganzen Oberkörper nach dem Kellner um und setzt seine Schiebermütze auf, als wäre er damit besser zu sehen.

»Kennen Sie das?«, frage ich und ziehe zum Zeichen meiner Kapitulation das Journal von Delacroix aus der Umhängetasche – und lese erst jetzt den Titel: *Dem Auge ein Fest – Aus dem Journal von 1847–1863*. Lächelnd streckt er die Hand danach aus.

»Das sind aber nur Auszüge«, sagt er enttäuscht. »Lesen Sie kein Französisch?«

»Wir konnten nur wählen, entweder Englisch oder Französisch«, erwidere ich, verärgert, mich rechtfertigen zu müssen. Nicht alle haben es so gut wie die Schweizer, will ich ergänzen, verkneife es mir aber.

»Bei dem Journal«, sagt er, »denke ich immer, jetzt gleich, gleich wird er von einer Fahrt nach Combray berichten oder dem Salon der Verdurines oder dem Baron Charlus. Alles ist derart verlebendigt, dass ich meine, in seine Welt eintreten, in ihr umhergehen und mitreden zu können.«

»Ich werde immer ein bisschen neidisch beim Lesen«, sage ich und unterschlage, bisher kaum fünfzig Seiten geschafft zu haben. »Denn auch wenn er von Krankheit, Unlust oder Feinden spricht, weiß man doch, dass im Hintergrund unentwegt etwas Einzigartiges entsteht, Weltkunst eben. Ob ihm das klar war?«

»Delacroix konnte schwer loslassen«, sagt mein Gegenüber. »Er war selten zufrieden. Und keinesfalls so anerkannt, wie wir meinen. In der Akademie wollten sie ihn lange nicht haben.«

»Selbst wenn er nur diesen *Tasso* gemalt hätte, müsste das doch ein Glück sein, das für ein ganzes Leben reichte«, sage ich, einer kindischen Regung nachgebend, und möchte meinen blödsinnigen Satz sofort wieder ungeschehen machen.

»Da kennen Sie die Künstler schlecht«, tadelt er mich. »Nach dem Bild ist vor dem Bild. Delacroix hatte immer die Qual der Wahl, für welche seiner Ideen er sich entscheiden sollte. Außerdem malt niemand einfach so einen *Tasso*, auch nicht den von 1824«, sagt er, ohne dabei von dem Journal, in dem er blättert, aufzusehen. Und niemand, ergänze ich bei mir, führt nur für einen Tag ein Tagebuch.

Abrupt klappt er dann das Buch zu und reicht es mir zurück, wobei er wieder seine Kinderaugen auf mich richtet. »Führen Sie selbst ein Journal?«

Ich verneine. Meine Erklärung, in vier Wochen hier im Museum sprechen zu müssen, wird von einem älteren Kellner unterbrochen, bei dem ich einen Cappuccino und mein Gegenüber einen Espresso und ein großes Glas Leitungswasser bestellen. Die Vorstellung, mich nach dem Cappuccino von ihm verabschieden und in meinen eigenen Tag zurückkehren zu können, beruhigt mich. Für einen Moment schließe ich die Augen. Das ist wohltuend, als kühlte ich den Rand der Lider.

»An dem Bild können Sie eigentlich alles zeigen, alles, odder?!«

»Es sollte nicht zu umfangreich werden«, wiegle ich ab und öffne erst beim letzten Wort die Augen. Ich habe noch keinerlei Idee, wie ich die Dreiviertelstunde überhaupt füllen soll.

»Für Delacroix ist der *Tasso* wichtig, er ist ungemein wichtig für sein Selbstverständnis! Sprechen Sie über die beiden *Tasso*-Versionen«, sagt er, als stünden mir meine Gedanken auf die Stirn geschrieben. »Die sind fast gleich weit entfernt von seiner ›Freiheit, die das Volk auf die Barrikaden führt‹. Selbst noch auf der Barrikade malt sich Delacroix verzagt – wussten Sie übrigens, dass er ein unehelicher Sohn des berühmt-berüchtigten Talleyrand ist?« Die Hände in seinem Schoß ziehen an den Fransen des schwarzroten Schals. »Haben Sie das Revolutionsbild vor Augen, im Vordergrund die Abgeschlachteten, neben der Figur der Freiheit der Junge mit der Pistole, der, wenn er nicht im nächsten Moment abgeknallt wird, spätestens 1848 wird dran glauben müssen oder bei der Pariser Kommune? Heute spricht man nur noch von der Grausamkeit der Revolution. Über die Grausamkeit der Reaktion breitet man den Mantel des Schweigens und der Nachsicht, odder? Der eingesperrte Tasso«, fährt er fort, »wird nicht nur zum Sinnbild der Künstlerexistenz, sondern der Gesellschaft überhaupt.«

»Haben Sie ihn gelesen?«

»Unseren Tasso?« Er nickt. »Delacroix las ihn in französischer Übersetzung, leider, auf Italienisch klingt er ungleich besser. Der Anlass war Byrons Gedicht.« Und ohne Übergang, nur dass er sich auf seinem Stuhl aufrichtet, den Kopf leicht zurücklegt und trotzdem das Kinn zur Brust senkt, beginnt er: »*Its strength with-*

in thy walls …« Sein englischer Singsang knattert wie die Stimme von Dylan Thomas auf der Kassette, die ich von *Unter dem Milchwald* habe, seine Hände bewegen sich dazu in einem rhythmischen Auf und Ab über der Tischplatte. Er hört gar nicht mehr auf. Soll ich zugeben, dass ich dieses Englisch nur halb, nein, dass ich es letztlich gar nicht verstehe?

»Und Goethe!«, fährt er fort, wobei seine Schultern schon bei »Goethe« den Umhang des Rhapsoden abgeworfen haben. »Natürlich kannte Delacroix Goethe. Dem hat er sogar seine Faustzeichnungen geschickt. Goethe fand sie ganz anständig. Goethe ist es auch, der den meisten Nutzen aus dem armen Tasso schlägt, schon ganz praktisch gesehen. Mit seinem *Tasso* gibt er dem Herzog in Weimar zu verstehen, dass er nicht mehr gedenkt, wie bisher im Staatsdienst zu schuften, wenn er aus Rom zurückgekehrt sein wird. Baudelaire braucht schon den Umweg über Delacroix. In diesem *Tasso* erkennt er sein Ebenbild, *ce rêveur que l'horreur de son logis réveille* … Pardon«, unterbricht er sich und fährt auf Deutsch fort: »Dieser Träumer, den das Grauen seiner Behausung aus dem Schlaf reißt: dies ist wahrhaftig dein Emblem, du Seele voll dunkler Süchte, die zwischen den vier Wänden der Wirklichkeit erstickt!« Mit der Hand, die gerade noch seinen Vortrag dirigierte, zieht er sich den Schal vom Hals.

»Warum hat man Tasso eingesperrt?«, frage ich, um weiteren Rezitationen vorzubeugen.

Er zuckt mit den Schultern. »So schlimm, wie es die Dichter und Maler darstellen, kann es nicht gewesen sein. Er war ein Wunderkind, unser Tasso, viel zu früh viel zu berühmt. Und ein religiöser Fanatiker! Wer sich selbst zwei Mal bei der Inquisition anzeigt und dann mit seinem Freispruch hadert … Eine Nervensäge eben, wie die meisten Dichter. Ohne Unbedingtheit geht's eben nicht, odder? Der Herzog hatte viel Geduld. Selbst im Hospital bewohnte Tasso noch schöne Gemächer, speiste weiterhin am Hof, korrespondierte frei, empfing Gäste, darunter auch Monsieur Montaigne, machte Ausflüge.«

»Und warum dann dieser Wirbel um den Kerker?«

»Er hat den Hof geschmäht, er hatte Neider, Konkurrenten, Nebenbuhler. Im Grunde aber hofierte man ihn. Die ihn einsperrten, bewunderten ihn immerhin als Dichter. Aber was macht man mit einem, der mit dem Messer auf einen Diener losgeht? Heute würde man sagen, er war schizophren, schizophrene Schübe haben ihn dahin gebracht.«

»Tasso als Fall für die Neurologie?«, platze ich heraus. »Haben ihn die Künstler missbraucht, für ihren Geniekult missbraucht?«

»Missbraucht wäre zu viel gesagt.« Mein Gegenüber wickelt den AC-Torino-Schal wie einen Verband um seine rechte Hand. »Versuchen Sie mal, eine gescheite Ausgabe von Tasso zu finden – unmöglich! Immer nur Goethe. Immer Goethe statt Tasso. Ihm wird noch das eigene Leben enteignet, gespenstisch, odder?«

»Wie alt war er, als sie ihn ins Hospital gesteckt haben?«

»Na rechnen Sie mal: 1544 geboren in Sorrent, 1579 eingeliefert in Ferrara für sieben Jahre, also in der Mitte des Lebens, gestorben 1595 in Rom, einen Tag vor seiner Krönung zum Poeten durch den Papst, da war er einundfünfzig, odder?« Zurückgelehnt in seinem Stuhl, die Arme auf den Seitenlehnen, kommt er mir vor wie ein Boxer, dem der zweite Handschuh fehlt. Immer wieder bewegt sich sein Unterkiefer hin und her.

»Ich hoffe, Ihre Vorträge werden gut honoriert!«, sage ich und versuche zu lächeln. Er hat es geschafft, mir mit seinem Wissen, seinem Englisch und seinem Französisch und womit er noch alles brillieren mag, die Lust auf meinen Vortrag zu nehmen. Was sollte ich einem wie ihm denn noch erzählen?

»Ich komme oft her«, sagt er wie zu sich selbst. »Es gibt kaum einen schöneren Ort, odder? Delacroix interessiert mich. Am besten hat ihn Leopardi verstanden, sein Landsmann. Der schreibt einen *Dialog zwischen Torquato Tasso und seinem Hausgeist*, 1824, im selben Jahr, in dem Delacroix seinen ersten *Tasso* malt. Da ist Leopardi, genau wie Delacroix, sechsundzwanzig. Leopardi weiß schon alles über die Welt. Delacroix braucht noch ein paar Jahre mehr dazu. Bei Leopardi wird das Gefängnis zum Gefangensein in der irdischen Natur, in unser aller Sterblichkeit – Leopardi war kränklich, er starb mit 39 Jahren. Haben Sie Leopardi gelesen?«

»Müsste ich mal wieder tun«, sage ich ausweichend, während er beginnt, seine umwickelte Rechte hektisch zu bewegen, als spielte er mit ihr Kasperletheater – es geht um den Kellner. Der aber bemerkt ihn nicht.

»Lassen Sie es sich nicht entgehen. Allein, was er über den Unterschied von Wahrheit und Traum herausgefunden hat. Und über das Glück. Sein Tasso will sich nicht damit abfinden, dass die Menschen nur leben, um zu träumen. Und sein Hausgeist sagt: ›Du hast dich schon damit abgefunden, da du lebst und damit einverstanden bist zu leben.‹« Immer wieder winkelt er seinen rechten Arm auf der Seitenlehne an, als trainierte er mit der umwickelten Hand wie mit einer Hantel. »Die Kenntnis der Welt und die Erfahrung des Leidens unterdrücken in jedem von uns den ursprünglichen Menschen und schläfern ihn ein. Ab und zu erwacht er für kurze Zeit, doch je älter man wird, desto seltener geschieht dies«, fährt er fort und lässt endlich den Arm auf der Lehne ruhen, »er zieht sich immer mehr in unser Innerstes zurück und sinkt in immer tieferen Schlaf, bis er stirbt, während unser Leben weitergeht, odder? Ein großes Thema, das Eingeschläfertwerden und Sterben des ursprünglichen Menschen.«

Solche Allerweltsweisheiten haben mich früher immer eingeschüchtert, weil ich nichts darauf zu erwidern wusste. Ich lasse ihn reden.

»Bei Leopardi gibt es Gedanken, da glaubt man, Delacroix habe sie später gemalt, so wenn Tasso sagt, er habe eine ganze Gesellschaft von Leuten im Kopf, odder? Er braucht niemanden mehr um sich.«

Den Hinweis auf Leopardi und dessen »Gesellschaft im Kopf« will ich mir merken.

»Einstmals konnte ein Dichter Repräsentant der Gesellschaft sein, der ins Irrenhaus gesperrte Dichter! Heute unvorstellbar, völlig undenkbar, odder?«

»Wieso? Das gab es auch später noch«, sage ich, froh, ihm endlich widersprechen zu können. »Die ganzen Hölderlin-Romane! Oder Bulgakow, *Meister und Margarita*. Allerdings weiß man da nicht, ob der Meister auch eine ganze Gesellschaft im Kopf hat oder tatsächlich Teil des Geschehens ist.« Musste ich ihn jetzt noch auf die Dissidenten hinweisen, die in einer sowjetischen Psychiatrie landeten?

»Heute dagegen«, sagt er und schiebt sich an der Lehne nach oben, »heute verhalten sich die Künstler wie Idioten, sie machen die anderen zu Idioten.« Er schlägt die Beine übereinander, zieht seine Brieftasche hervor und reicht mir ein Kärtchen.

»Sie wohnen in Bern?«

»Ja, hinter den Bergen.«

Ich stelle mich meinerseits vor und sage, dass ich mit meiner Familie in Berlin lebe, jetzt allerdings für elf Monate in Rom, woraufhin er gemächlich den Schal von der Hand wickelt und einen Bleistift samt Notizbuch hervorzieht. Ich halte mich bereit, meinen Namen zu wiederholen. Er muss ihn sich aber auf Anhieb gemerkt haben, denn kaum hat er etwas geschrieben, verstaut er das Adressbuch wieder im Jackett.

»Worauf ich hinauswollte«, sagt er und macht eine kurze Pause. »Bei uns hat alles einen doppelten Boden. Das macht es so schwer, die Dinge zu zeigen. Die Dinge sind nicht mehr, was sie scheinen, odder?«

»Der Künstler taugt nicht mehr als Protagonist, weil er genauso mit drinhängt wie alle anderen? Meinen Sie das?«, frage ich. »Das spräche doch eher dafür!«

»Das Leben geschieht anderswo, nicht mehr bei uns«, sagt er resigniert. »Wir bekommen immer nur die Schnittblumen geliefert.«

»Das kann nur ein Schweizer sagen!«, erwidere ich und muss zum ersten Mal wirklich lachen. »Fast alle Menschen wären froh, wenn das, was Sie ›Leben‹ nennen, woanders stattfände!«

»Zu Zeiten von Delacroix konnte es hier noch jeden treffen«, erklärt er. »Wenn es Krieg gab, Epidemien, Hungersnöte, Aufstände und Revolutionen, das war real, verstehen Sie? Es konnte jeden jederzeit treffen.«

»Heute etwa nicht?«, frage ich. »Ist das so anders? Auch Delacroix lebte in einer Welt, die schizophren war!« Ich bin wie erlöst, weil endlich Cappuccino, Espresso und das große Glas

Wasser vor uns abgestellt werden, dazu zwei winzige Kekse auf einer Untertasse. Ich erwarte, dass sich mein Gegenüber wegen des langen Wartens beschwert. Stattdessen greift er nach seinem Glas und prostet mir zu. »Santé.«

»Auch Delacroix«, sage ich, während er gierig das Wasser trinkt und ich den Zucker auf dem Schaum des Cappuccinos verstreue, »hat schon von den Importen aus den Kolonien, von der Sklavenarbeit profitiert: Kakao, Kaffee, Zucker. Verglichen allerdings mit unserer Situation, mit Ihrer und meiner …«

»Odder!«, ruft er und setzt das leere Glas ab. »Lassen Sie einen vom Mars kommen. Wenn der sieht, was hier los ist, wie viele an Unterernährung sterben, was würde der von uns halten? Er würde uns zu Recht als Verbrecherbande ansehen oder als einen Haufen von Irren, ein Irrenplanet.«

Ich proste ihm mit meinem Cappuccino zu.

»Darüber müssen Sie sprechen, odder?«, legt er nach.

»So etwas kann man nicht en passant behandeln«, erwidere ich.

»Aber Sie schreiben über dieses Bild, odder?«

»Wenn ich schon mal eine Einladung in die Schweiz bekomme, sollte ich ›ja‹ sagen, bevor ich wieder ein paar Jahre warten muss.«

Er lacht.

»Die Schweiz ist eine Art unerwiderte Liebe von mir«, sage ich.

»Hören Sie auf!«, ruft er und hebt die Hände. »Sie sind gern in der Schweiz?«

»Ja, natürlich«, sage ich, »wieso nicht? Für mich ist die Schweiz immer noch der größte Gegensatz zum Osten.«

»Sie kommen aus Ostdeutschland?« Für einen Augenblick ist ihm die Verblüffung anzusehen.

»Ja«, sage ich. »Ich fand es immer plausibel, wenn Russen in die Schweiz reisten, so wie Fürst Myschkin. Es gibt in Europa keine größeren Gegensätze als Russland und die Schweiz. Wenn ich als Jugendlicher in der Schule von der Entwicklung der Produktionsverhältnisse hörte, und dass diese objektiv, also unabhängig vom Willen des Einzelnen wirken, versuchte ich mir immer die Schweizer vorzustellen, die eines Tages im Kommunismus aufwachen. Westdeutschland, Frankreich, Italien, Kanada, Brasilien, eigentlich konnte ich mir überall den Sozialismus und Kommunismus vorstellen, aber nicht in der Schweiz, eine kommunistische Schweiz?«

Statt zu lachen, wie ich es erwartet hatte, sieht er mich verdrießlich aus seinen Kinderaugen an.

»Warum denn nicht?«, fragt er dann. »Wollen Sie mir jetzt erklären, das wäre vorbei, der Kommunismus, das wären Kinderträume gewesen?«

»Die Schweiz ist immer noch so eine Art Westen, das einzige Land, bei dem ich das Gefühl habe, ich komme in den Westen.«

»Der Westen?«

»Ja. Viele, die in der ehemaligen BRD aufgewachsen sind, haben mir versichert, auch sie würden den Grenzübertritt als Wechsel in eine andere Welt, in eine heile Welt empfinden, in der es nur dann Zerstörung gibt, wenn etwas Neues gebaut werden soll, in der jeder Ziegelstein von Ordnung, Ruhe und Frieden kündet! Und von Wohlstand! Solche Ziegelsteine gibt es sonst nirgendwo auf der Welt. Das denke ich mir nicht aus!«

Er sieht auf sein Glas, dreht es und betrachtet es wieder, als würde er nun etwas Neues daran erkennen. »Die Schweiz«, sagt er und lächelt mich an, »ist ein deutscher Spießertraum.«

»Selbst wenn«, erwidere ich. »Was man empfindet, sollte man ernst nehmen. Es ist ein Land mit vier Sprachen, es führt keine Kriege, das ist schon was. Oder?«

»Eine friedliche Welt ist für viele hier gar nicht so wünschenswert, wie sie behaupten müssen. Krieg ja, um Gottes willen ja – aber nicht hier, heißt die Parole. Wir Schweizer leben dauernd im Krieg, er ist nur abwesend. Und – es klingt so schrecklich banal und gewöhnlich – wir verdienen daran gut, sehr gut. Die Waffen sind da noch das Geringste.«

»Sie meinen – wegen der Schweizer Neutralität?«

»Sehen Sie! Selbst Sie bekommen das Wort nicht über die Lippen, weil es so banal und so gewöhnlich und so selbstverständlich ist. Warum sagen Sie es nicht? Die Schweiz ist eine Geldwaschanlage.«

»Sie als Schweizer dürfen das sagen …«

»Sie müssen es auch sagen! Aber Sie haben Angst! Vielleicht wollen Sie auch nur dankbar sein, höflich. Dabei weiß jeder hier, es gibt keine Art von Verbrechen, das nicht von der Schweiz, von unseren Bankgesetzen profitiert.« Er starrt mich an.

»Davon hört man ab und zu«, sage ich und nicke.

»Ja, davon hört man ab und zu.« Äfft er mich nach?

»Hören Sie«, sage ich. »Ich bestreite das doch nicht.«

»Sie glauben mir nicht?«

»Warum sollte ich Ihnen nicht glauben?«

»Wenn Sie mir glauben, dann wissen Sie es jetzt, odder?«

»Und, was heißt das? Was soll ich Ihrer Meinung nach tun?

Scheiben einschmeißen? Restaurants verwüsten? Autos anzünden?«

Er bricht in ein Gelächter aus, ein fast brüllendes Gelächter, das abrupt endet, er presst die Hand gegen die Wange. »Nur ein Gesetz!«, sagt er leise. »Es geht nur darum, ein Gesetz zu ändern, ein Gesetz vom 8. November 1934, das das Bankgeheimnis schützt. Was ist das schon für eine Sache, in einer Demokratie ein Gesetz zu ändern, odder? Sie sollen keine Autos anzünden, auf keinen Fall meins.«

»Und warum wird es nicht geändert?«, frage ich.

Wieder will er lachen. »Geld, Geld, Geld!«, ruft er mit schmerzverzerrtem Gesicht, um fast tonlos hinzuzufügen: »Befragen Sie *Tasso*, das Gemälde!«

»Das Gemälde?«

»Weil wir eine Demokratie sind, weil wir glauben, was man uns sagt, weil es niemand will, weil wir alle drinhängen. Das hier ...«, er zeigt auf die Fassade des Museums, »alles Geld aus Baumwolle, Gewürzen, Kaffee, Waffen und was es sonst noch gibt. Wissen Sie, was Baumwolle im 19. Jahrhundert bedeutet hat? Die war wichtiger als Öl. Und wenn der Preis für Baumwolle fiel, sind sie verhungert, krepiert, da in Indien, denn die mussten ja die Baumwolle anbauen. Baumwolle kann man nicht essen.«

»Aber Sie kommen gern hierher, sagten Sie. Und jemand wie Sie ...«

»Ich bin krank«, sagt er, »ich habe Krebs.« Er nimmt die Hand von der Wange und deutet auf seine Narbe am Mundwinkel. »Ich darf das. Es ist ein bisschen wie mit Dürrenmatt, Dürrenmatt kennen Sie doch, odder?«

Ich nicke.

»Lesen Sie ihn. Kaum einer hat Böseres gesagt über die Schweiz als Dürrenmatt; kaum einer hat sie so lächerlich gemacht; aber Inhalte spielen für die Öffentlichkeit keine Rolle, sondern Haltungen.«

»Wenn ich einen Anknüpfungspunkt dazu finde, schreibe ich das«, sage ich, »aber jetzt …«

»Was für einen Anknüpfungspunkt denn, Teufel noch mal!«, ruft er und streckt seinen Arm nach mir aus, als wollte er mich festhalten. Oder zeigt er in Richtung des Geländers, in Richtung Stadt? »Die Tyrannei des höflichen Zusammenhangs. Man kann immer dem Kontext folgen. Die Wahrheit passt nie. Sie ruft immer peinliches Schweigen hervor, *conventional wisdom*, wie die Engländer sagen. Dabei müsste man immerzu rufen: ›Blut, Blut, Blut!‹«

Im selben Augenblick tritt von hinten der Kellner heran.

»Bitte«, sagt er äußerst bestimmt, direkt über unseren Köpfen. »Es ist Sonntag!« Der Kellner sieht mit hochgezogenen Augenbrauen auf mich herab.

»Die Rechnung, bitte«, sage ich.

Im nächsten Moment streckt der Kellner den Arm aus und legt mir die Rechnung mit einer knappen Verbeugung neben die Tasse.

Im Hotel schlafe ich eine knappe Stunde. Als ich erwache, habe ich plötzlich Angst vor dem Abend. Er steht mir bevor wie eine Aufgabe. Und wenn ich einfach liegen bleibe? Dürfte ich mir jetzt etwas wünschen, ich wüsste nicht was. Vielleicht einen Cocktail. Dabei trinke ich fast nie Cocktails. Das Kinoprogramm im Stadtmagazin klingt furchtbar oder sagt mir nichts. Auf Pay-TV drücke ich die Taste für *adult movie*, wähle *Horny czeck girls* und sehe einer Frau mit unvorteilhafter Zopffrisur dabei zu, wie sie sich mithilfe einer Zucchini befriedigt, aus der Zucchini dann eine Suppe kocht und diese einem sportlichen jungen Mann vorsetzt, der zufällig hereingeschneit kommt und nun, wohl eine Wirkung der Suppe, der schönen Köchin die Kleider vom Leib reißt. Ich lausche dem sanften singenden Tonfall des Tschechischen, das mich an Prag und die Fahrten in die Hohe Tatra in den Siebzigern und Anfang der Achtziger erinnert, bis der tschechische Dialog lückenhaft wird und schließlich im wechselseitigen Stöhnen vergeht.

Ich rufe in Rom an, ich weiß, wie es sich anhört, wenn das Telefon in dem riesigen Atelier klingelt und man im Garten sitzt. Ich lasse es lange klingeln und sehe auf meinen Reisewecker – es ist kurz vor 18 Uhr –, um später sagen zu können, wann ich es schon einmal vergeblich versucht habe. Draußen ist es wärmer als im Zimmer. Auf der Wiese hinter dem Museum am Stadtgarten sonnen sich etliche Frauen und Paare. Ich setze mich auf eine freie Bank. Auch die anderen Bänke sind von einzelnen Männern besetzt, als nähmen wir an einem Spiel teil oder hielten uns an eine Vorschrift. Ich beneide den Vater, der neben seinen beiden Kindern am Klettergerüst wartet, bereit, sie jederzeit von den oberen Sprossen zu pflücken. Nicht weit vor mir stehen zwei Frauen von der Wiese auf, die ich liegend für Mann und Frau gehalten habe, weil die Dunkelhaarige der beiden Hosen trägt und der Kopf der Frau im kurzen Rock auf deren Schulter lag.

Ich nehme mein Notizbuch heraus. Doch bringe ich es nicht über mich, die Begegnung im Museum und das Gespräch auf der

Terrasse zu beschreiben. Aber wer will mich zwingen, den sonderbaren Besucher zu erwähnen. Es gibt nicht mal Zeugen dafür, abgesehen von dem Kellner. Hatte ich mich zu dessen Komplizen gemacht? Hatte ich den Herrn aus Bern verraten? Ich höre mich noch sagen: ›Ich zahle!‹, um ihm zuvorzukommen. Und sofort wird mir heiß.

Danach war ich aufgestanden und hatte erklärt, nicht zu wissen, ob ich diesen Vortrag halten werde. Es sei mir alles zu viel, viel zu viel. Den eigentlichen Grund nannte ich nicht, nämlich die Vorstellung, diesen Doktor Allwissend in vier Wochen im Publikum vor mir zu haben. Ich bedankte mich für seine Anregungen, aber offenbar hätte ich die Aufgabe unterschätzt. Während ich redete, sah er mich unverwandt mit seinem Kinderblick an, als erklärte ich mich in einer ihm unbekannten Sprache. Statt etwas zu erwidern, bot er mir an, mich in seinem Wagen mitzunehmen, mich hinunter in die Stadt zu fahren. Als ich schon ein paar Schritte entfernt war, rief er: »Warum denn!« Ich sah ihn mit seiner Schiebermütze in der einen Hand, mit der anderen winkte er mir nach. Oder bedeutete das Hin und Her seiner Hand, dass er etwas korrigieren wolle, dass ich etwas falsch verstanden habe?

Auf der Bank neben mir redet ein Mann auf jemanden ein, aber außer ihm ist niemand zu sehen. Er trägt die kurzen Hosen eines Radsportlers und ein durchsichtiges Cape. Seine Füße stecken in rosafarbenen Schühchen, die ihn noch zierlicher und fragiler erscheinen lassen. Er starrt in ein aufgeschlagenes Buch, das er während seiner eindringlichen Ansprache immer wieder mit beiden Händen auf die Oberschenkel schlägt. Lernt er Vokabeln? Jetzt reißt er sich die Brille von der Nase, lässt sie an einem Bügel kreisen, schließt mit der anderen Hand das Buch, eine Fingerkuppe zwischen den Seiten.

Während ich das schreibe – und ich genieße es, ohne Rücksicht auf irgendwen wieder über das Hier und Jetzt schreiben zu können –, sind die beiden Frauen von der Wiese verschwunden, doch nur um einen Augenblick, nachdem es mir aufgefallen ist, schon wieder zurückzukehren, jede mit einer Flasche in der Hand. Sie lachen, und die Dunkelhaarige wechselt hopsend in den Gleichschritt mit der Freundin, den sie aber vor lauter Lachen sofort wieder verlieren. Nicht nur ich, alle Männer auf den Bänken sehen ihnen nach.

Von der Seite tritt jemand heran, ein von Pickeln übersätes Gesicht beugt sich herab. Überrascht fahre ich auf, was ihn wiederum erschreckt. Nach einigen Schritten rückwärts kommt er erneut näher und bleibt gut zwei Meter entfernt vor mir stehen.

Sein Schweizerdeutsch ist mir unverständlich. Obwohl ich sitze, gelingt es ihm, mich irgendwie von unten her anzusehen, eine Unterwürfigkeit, wie ich sie eigentlich nur aus Märchenfilmen kenne.

»Ich verstehe Sie leider nicht. Sie müssen langsamer sprechen«, sage ich, obwohl es ja nicht die Schnelligkeit ist, die mir Schwierigkeiten bereitet.

Er entschuldigt sich fast auf Hochdeutsch und fragt, ob er mich etwas fragen dürfe. Es gehe um seine Rückfahrt, die ihn zweiundzwanzig Franken und zwanzig koste. Wenn er aber ohne Billet erwischt würde und kein Geld dabei habe, um die Strafe von 180 Franken sofort zu bezahlen, werde er beim nächsten Halt der Polizei übergeben und müsse dann sechs Tage einsitzen, denn 30 Franken seien ein Tagessatz (oder so ähnlich). Wieder entschuldigt er sich, diesmal für seine lange Erklärung, mit der er mir die Zeit dieses schönen Abends raube.

Ich habe gar nichts dagegen, ihm Geld zu geben, sage ich, wofür auch immer er es brauche, ich wolle aber im Gegenzug von ihm wissen, ob er sich diese Geschichte allein ausgedacht oder sie von jemandem übernommen habe, denn die Geschichte sei perfekt, schließlich wolle ja niemand, dass er für sechs Tage ins Gefängnis komme. Er haspelt weiter, ihm bleibt auch gar nichts anderes übrig als zu beteuern, mir die Wahrheit zu sagen. Von der Dame da hinten habe er bereits zwei Franken erhalten, er sammle jetzt weiter und würde das Geld auch sofort zurückschicken, natürlich würde er das, wenn ich ihm meine Adresse überließe, also anvertraute, selbst wenn das Porto über dem Betrag läge, den er mir schulde, aber das nähme er gern in Kauf. Ich ärgere mich bereits über meine hochmütige Frage und will ihm seine Geschichte jetzt glauben. Er werde mir mein Geld auf jeden Fall zurückschicken, wiederholt er. Ich gebe ihm einundzwanzig Franken, und er sagt etwas wie »megafast«. Er wünsche mir, sollte ich einmal in Not geraten und auf die Hilfe anderer angewiesen sein, dass sich dann jemand fände, der auch mir so großzügig unter die Arme greifen würde. Ich bedanke mich, er will davonstürzen, dreht sich wieder um und fragt, in welcher Richtung es denn zum Bahnhof ginge, da entlang? Ja, sage ich, da entlang. Erst jetzt fällt mir auf, dass er überhaupt kein Gepäck hat.

Wieder habe ich mich freigekauft, wie ich mich heute früh in Rom und heute Nachmittag im Römerholz freigekauft habe, odder?

Ich will noch herausfinden, was der Mann im Regencape erzählt. Doch als ich ihm nah genug bin, verstummt er, lehnt sich zurück und starrt auf mein Notizbuch, in das ich, wie mir nun bewusst wird, so wie er einen Finger geschoben habe. Er wittert Gefahr. Kindliche Angst verzerrt seine Züge. Ich sehe zu Boden, als suchte ich etwas, und drehe ab.

Im *Latini* esse ich Nudeln und bin gegen halb neun zurück im Parkhotel. An der Rezeption wird mir ein Kuvert ausgehändigt, *Torquato Tassos Befreites Jerusalem*. Woher kennt er meine Adresse? Und woher hat er auf einmal dieses Buch? Wohnt er etwa hier? Die Frau an der Rezeption verneint.

Ich blättere im *Tasso*, erschienen ohne Jahresangabe in der Cotta'schen Bibliothek der Weltliteratur, untersuche das Kuvert, finde aber keine Nachricht. Von meinem Zimmer aus wähle ich die Nummer auf seiner Visitenkarte. Die Stimme meiner Museumsbekanntschaft sagt den für Anrufbeantworter üblichen Satz auf und wiederholt ihn auf Französisch und Italienisch. Ich lege mich ins Bett und greife nach dem Journal. Aus dem Vorwort übertrage ich noch den Wunsch des jungen Delacroix in mein Notizbuch:»Ich werde also wahrhaftig sein, hoffe ich; ich werde davon besser werden. Dieses Papier wird es mir vorhalten, wenn ich von meinem Wege abweichen sollte«. Je länger ich dann die abgebildete Bleistiftstudie der *Freiheit, die das Volk anführt*, betrachte, desto schöner und lebendiger wird diese imaginierte Frau. Ich versuche, mich wieder aufs Lesen zu konzentrieren. Es gelingt mir nicht. Ich bin froh, dass nach dieser Nacht Montag sein wird und ich eine Lesung habe und alles mehr oder weniger für mich geregelt sein wird.

Nach der Feststellung von Delacroix:»Ich hatte abends nicht den Mut, auszugehen, und habe mich zu guter Stunde schlafen gelegt«, schalte ich das Licht aus.

Am nächsten Morgen stoße ich in der Zeitung auf die Meldung, dass Hans Wollschläger gestorben ist. Nachdem ich die wenigen Zeilen erneut gelesen habe, blättere ich automatisch weiter, lese, dass Lidl und Aldi in die Schweiz einfallen dürfen, und lege die Zeitung schnell beiseite. Auf diese Art und Weise von seinem Tod zu erfahren ... Ich habe Hans Wollschläger in Bargfeld kennengelernt, bei einem seiner jährlichen Treffen mit John Woods, dessen neueste Arno-Schmidt-Übersetzung ins Englische sie besprachen. Auf meine Frage, wie weit die Arbeit am versprochenen zweiten Band seiner *Herzgewächse* gediehen sei, antwortete Wollschläger nur: »Für wen? Für die paar Freunde? Die Mühe lohnt nicht.«

Ich weiß nicht mehr, was ich geantwortet oder ob ich überhaupt etwas geantwortet habe. Dass alle Kunst immer etwas vom *Hungerkünstler* habe? Seit der Begegnung mit Arno Schmidt fehle ihm die leichte Hand, hatte er gesagt. Dagegen sei er machtlos.

Könnte es sein, dass mir Doktor Allwissend die Hand schwer macht?

Im Zug zum Bodensee sehe ich aus dem Fenster. Die Obstbäume werfen im Vormittagslicht Schatten, die so scharfkantig und schwarz auf den Wiesen liegen, als hätte man sie eigens für solche Tage angefertigt, als hätte man in diesem großen eidgenössischen Gewerbegebiet selbst dafür gesorgt, allen Gegenständen auch noch einen soliden Schatten anzupassen.

Der Schaffner treibt eine Frau, einen Mann und einen fünf oder sechs Jahre alten Jungen vor sich her. Hier, in der 2. Klasse, sollen sie sich Plätze suchen. Den altmodischen, schwarzweiß karierten Koffer, den der Mann mit beiden Händen durch den schmalen Gang schleppt, umspannt ein Gurt. Der Junge, kaum dass er den freien Fensterplatz mir gegenüber bemerkt, schlängelt sich zwischen den Knien hindurch und presst die Stirn gegen die Scheibe, zum Ärger seiner Eltern. Denn der Gangplatz neben ihm ist von einer gut gekleideten Frau besetzt, die ihre dicke Mappe und die Handtasche nun auf den Schoß nimmt und mit beiden Händen festhält. Statt ihren Sohn zu rufen, winken sie ihm zu. Sind sie taubstumm? Der Kleine presst abwechselnd die rechte, dann die linke Schläfe gegen die Scheibe, als wollte er die Lok oder den letzten Wagen sehen. In der Spiegelung des Fensters beobachte ich seine Eltern, die neben uns im Gang stehen. Im Gegensatz zu dem grünen T-Shirt und der weißen Hose des Jungen wirkt ihre Kleidung farblos. Der Mann macht der Frau unentwegt Zeichen, sie solle sich auf den Koffer setzen. Sie wiederum bedeutet ihm, er solle das lassen. Ich stehe auf und biete ihnen meinen Platz an. Die Frau, deren Augenbrauen zusammengewachsen sind, schüttelt energisch den Kopf. Erst als ich mich an ihnen und dem Koffermonstrum vorbeizwänge und auf der anderen Seite des Ganges niederlasse, schiebt sie sich auf meinen Platz, er rutscht neben sie, ohne die Hand vom Griff des Koffers zu lassen. Sie sprechen einen Schweizer Dialekt, für den es besonders viele Rachenlaute braucht. Obwohl der Kleine nun nicht mehr hinaussieht, sondern etwas mürrisch vor sich hinstarrt, würdigt er die beiden keines Blicks, als reiste er ganz allein und ohne jedes Gepäck durch die Welt. Seine Eltern scheinen das endlich verstanden zu haben und lassen ihn in Ruhe.

Auf dem Heck der Fähre nach Friedrichshafen finde ich noch einen freien Vierertisch an der Reling. Während ich über den

Tisch gebeugt meinen Rollkoffer und die Tasche auf der gegenüberliegenden Bank abstelle und gerade dabei bin, meine Jacke darüberzubreiten, schiebt sich hinter meinem Rücken ein älterer Mann, leise und geschickt wie ein Dieb, auf den Platz rechts von mir an der Reling. Als ich ihn bemerke, ist es schon zu spät. Was soll ich tun? Eben hätte ich ihn noch zwischen meinem Rücken und der Sitzbank festklemmen können. Und dann? Wären wir tätlich geworden? Soll ich mich bei ihm beschweren? Ich könnte meinen Rollkoffer wieder von der anderen Bank nehmen und an seiner statt mich ihm gegenüber an die Reling setzen. Schließlich falle ich auf den Platz neben ihm. Er starrt aufs Wasser hinaus, sein rechter Fuß ist damit beschäftigt, sich auf eine Sprosse der Reling zu schieben, wobei ihm die obere offenbar zu hoch, die untere zu niedrig ist. Schließlich findet sein sandfarbener Schuh – von den Socken über die kurze Hose bis zu seiner Weste und dem kurzärmeligen Hemd ist alles sandfarben – auf der oberen Sprosse Halt. Sein rechtes Knie ragt vor der Tischkante auf, die kaum behaarte Haut seiner Beine glänzt bis auf eine rötlich-blaue Stelle makellos weiß, sodass ich mir fast wünsche, ähnlich unversehrte Beine vorweisen zu können, sollte ich je sein Alter erreichen.

Der Kapitän steigt über die Absperrung einer Treppe, als würde er sich auf ein Herrenrad schwingen, und stapft hinauf zur Kommandobrücke. Darunter, hinter der großen Glasscheibe des Restaurants, stehen einige Frauen nebeneinander, die alle kurzgeschnittene graue oder weiße Haare haben. Beobachten sie mich oder geht ihr Blick über mich hinweg in die Ferne? Zuerst meine ich, diejenige, die gerade spricht, wäre verdeckt, aber offenbar schweigen sie alle.

Nachdem wir abgelegt haben, passieren wir nahe der Hafenausfahrt die Skulptur eines Reihers auf einem der Holzpfähle. »Nicht ohne Witz«, will ich gerade in meinem Notizbuch hinzufügen, als der Reiher den Kopf mit dem langen Schnabel wendet, der Wind spielt in seinem Gefieder. Das ist etwas, denke ich, wovon ich am Telefon den Kindern erzählen kann. Während wir hinaus auf den See tuckern, versuche ich, die Notizen von der Zugfahrt zu entziffern. Ich habe die Wörter *hingeschmiert*. Meine Lust, ohne Rücksicht auf Leser zu schreiben, darf ich nicht zu weit treiben, denke ich, den Füller schon wieder in der Hand, als es plötzlich laut knallt und scheppert. Der Fuß meines Nachbarn ist von der Querstange abgerutscht. Ein kurzer Strich nach oben dokumentiert ungewollt mein Erschrecken. Der Sandfarbene bringt seinen Fuß sofort wieder in Stellung, und ich füge ein, dass eine Geschichte über die Schweiz – aber das betrifft ja nicht nur die Schweiz –, dass also eine gute Geschichte über den Westen den Genuss schildern muss, das Wohlleben und die Behaglichkeit, und zugleich zu zeigen hat, wie dünn das Eis ist, auf dem wir uns bewegen, wie schwarz und tief der Abgrund darunter ... schreibe ich, sehe auf und blicke über das grüne Wasser, als mich mein Nachbar mit schweizerischem Zungenschlag anherrscht: »Müssen Sie immerzu was notieren! Notieren und notieren, das macht einen ganz wirr!« Er erhebt sich, er will hinaus, ich mache ihm Platz und warte, bis er sich seitlich, mit beiden Händen auf dem Tisch abstützend, herausgeschoben hat. Für einen Moment stehen wir einander Aug in Aug gegenüber. Er ächzt und macht mit der Linken eine Handbewegung. Ich bin für ihn erledigt, soll das wohl bedeuten, oder soll es heißen, dass ich mich zum Teufel scheren soll, dass er von mir nichts hören will, dass ich gar nicht erst den Mund aufzumachen brauche, weil ich ja nun einen ganzen Tisch allein für mich habe? Ich nehme tatsächlich seinen Platz an der Reling ein – und spüre im selben Moment die Wärme, die sein Körper auf der Bank hinterlassen hat. Zuerst ist mir das unangenehm, eine Intimität, die ich nicht will. Dann aber, ich kann es nicht anders sagen, beschämt mich diese Wärme. Ich bin verunsichert.

Kurz darauf beginne ich, nach meiner Fahrkarte für die Bahn zu suchen. Im Hotel war sie noch da. Jetzt kann ich mich nicht mehr daran erinnern, sie eingepackt zu haben. Ich durchwühle weiter meine Tasche. Ich bin schon bereit, mich damit abzufinden, ihren Verlust als Sühne für den vertriebenen Alten zu begreifen, obwohl ich weiß, dass das Humbug ist. Im selben Moment entdecke ich die Fahrkarte nach Ravensburg im *Tasso* als Lesezeichen. Als ich aufsehe, begegne ich den Blicken der Frauen. Hinter ihnen steht wie ein Feldherr mein sandfarbener Nachbar und gestikuliert, als wolle er sie auf mich hetzen. Ich halte den *Tasso* hoch, nur um ihnen zu zeigen, wonach ich gesucht habe. Den Sandfarbenen aber stachelt mein Benehmen zu noch wilderen Gesten an. Ich reiße mich von seinem Anblick los und nehme mir wieder das Notizheft vor. Ich muss mich überwinden, nicht aufzusehen. Um irgendwas zu schreiben, kritzle ich: Blut, Blut, Blut. Danach: Geld, Geld, Geld, und gleich noch mal: Blut, Blut, Blut. Dann blättere ich zurück. »Möchte ich doch fortfahren«, lese ich, »mir oft auf diese Weise Rechenschaft über meine Eindrücke zu geben! Ich werde hieran immer wieder sehen, wie viel man gewinnt, wenn man seine Eindrücke niederschreibt und sie in der Erinnerung zu ergründen sucht.«

Damit ließe sich doch beginnen, odder? Und dann? Auf einmal habe ich Lust, über meinen unverhofften Gefährten zu schreiben. Wie war ich nur auf die Idee gekommen, ihn unterschlagen zu können? Hatte ich tatsächlich geglaubt, er habe mir meinen Tag in der Schweiz entzaubert und mich verpflichtet, an jeden meiner Gedanken eine Fußnote zu heften, die auf ihn verweist? Ich bin so zuversichtlich, als wäre die Arbeit, die ich vor mir sehe, bereits getan. Ich stecke meinen Füller in das Etui, verstaue es in der Tasche und lege mein Notizbuch auf *Das befreite Jerusalem* vor mir.

Die große Scheibe des Restaurants ist zum Spiegel geworden, der mir die Passagiere an Deck zeigt, unter ihnen mich, allein an einem Vierertisch sitzend, die Arme verschränkt, sogar den langen Griff meines Rollkoffers, der die Bank gegenüber blockiert. Einen Augenblick später, es muss an den Wolken liegen, erscheinen wieder die Frauen und der sandfarbene General hinter der Scheibe. Stempelt er mich zum Idioten? Oder ich ihn? Es ist nichts, Beobachter zu sein. Sie müssten schon was miteinander anfangen, der Tasso und seine Beobachter, odder?

Plötzlich heiteres Geschrei. – Ein Zeppelin steht über Friedrichshafen am Himmel. Langsam wie ein Stundenzeiger dreht er sich um die eigene Achse. Den Frauen und ihrem Feldherrn jedoch bleibt der Zeppelin verborgen, solange sie sich nicht herauswagen. Sie können nur mutmaßen, was es wohl sein mag, das den Ausdruck kindlicher Freude auf mein Antlitz zaubert.

Vor der Einfahrt in Friedrichshafen erwartet uns auf der ersten Bohle wieder ein Reiher, der Wind geht durch sein Gefieder. Nun drängen sie heraus, auch die Frauen und der Sandfarbene. Sie stellen sich der Reihe nach vor mir auf, als könnten sie es kaum erwarten, an Land zu kommen. Der Sandfarbene würdigt mich keines Blickes. Er ist zappelig, seine Füße bewegen sich auf der Stelle. Als er die rechte Hand in die Hosentasche steckt und gleich darauf wieder herauszieht, fällt ein Papier zu Boden. Ich stehe auf, gehe zu ihm und bücke mich danach.

»Sie haben etwas verloren«, sage ich und halte ihm den Fahrschein für die Überfahrt hin. Er zuckt zurück, als er mich erblickt. »Es war nicht meine Absicht, Ihnen die Überfahrt zu vermiesen«, höre ich mich sagen. Im selben Moment wird ratternd die Reling für den Landungssteg geöffnet.

Der Sandfarbene sieht auf den Fahrschein, steckt ihn zurück in die Hosentasche, wendet sich ab und prallt gegen den Rücken der Frau vor ihm. Jetzt dreht er sich doch noch um und hebt die Hand, unschlüssig, welche Geste daraus entstehen soll. Ein Abwinken? Ein Gruß? Er lässt die Hand wieder sinken, nickt dann aber in meine Richtung, während seine Augen umherirren, als befände ich mich überall, nur nicht da, wo ich gerade stehe. Dann trottet er der Frau nach über den Landungssteg.

Im Sitzen packe ich meine Jacke und die Bücher ein und sehe zum ersten Mal zurück über den Bodensee, zum südlichen Ufer, hinter dem sich die immer schattenhafter werdenden Hügel und Berge aufbauen, bis plötzlich die Konturen der Gipfel vor dem blauen Himmel stehen, der Schnee leuchtet. Dieser Anblick erweckt eine unerwartete Sehnsucht in mir, die mich eigenartigerweise beruhigt, obwohl ich nicht einmal zu sagen vermag, wem sie gilt, bis jemand »Hallo, der Herr! Hören Sie?« ruft. Ich drehe mich um.

»Ich dacht schon, Sie hätten Ihren Geist aufgegeben«, fügt der Mann in der Uniform der Schifffahrtsgesellschaft hinzu und winkt mich heran. Er scheint guter Dinge zu sein. »Wir haben's geschafft!«, sagt er in einem Tonfall, als hätte ich Aufmunterung nötig, »odder?«

Ich nicke und hebe die freie Linke zum Gruß, während ich an ihm vorüber an Land gehe, den laut holpernden Rollkoffer mir dicht auf den Fersen.

Die Vorlesung

Die Vorlesung

Besuch beim Maler

Um mich von den ständigen Geldsorgen zu befreien, musste ich den Roman endlich abschließen. Deshalb lehnte ich alle Auftragsarbeiten ab, wirklich alle. Die Honorare, die für ein Nachwort oder eine Rede gezahlt werden, sind lächerlich, zumindest wenn man so viel Zeit dafür braucht wie ich. Dann aber kam dieser Brief aus dem Hospiz! Als ich ihn Tanja zeigte, gab sie gleich zu, dass sie dahintersteckte. Johannes – sie meinte den Maler Grützke – sei auf der Suche nach jemandem gewesen, der über ein Bild von ihm schreibt. Und da habe sie vorgeschlagen, mich zu fragen. So könnten er und ich, die beiden Künstler, wie sie sich ausdrückte, einander besser kennenlernen, das sei ihr Wunsch, ihr Herzenswunsch. Am einfachsten gelänge das, wenn ich etwas für ihn tun würde. »Jetzt ist vielleicht die letzte Gelegenheit dazu«, sagte sie.

Ich war fassungslos. Wie hatte Tanja auf diese Idee verfallen können, sie, die doch besser als alle anderen wusste, in welcher Klemme ich steckte. Natürlich war mir klar, dass Tanja das anders sah. Sie verdiene genug Geld, um die ganze Familie zu ernähren und auch den Unterhalt für meine Kinder zu zahlen, die ja sowieso die meiste Zeit bei uns seien. Wie oft habe sie mich schon gebeten, das Gejammere zu lassen und meine EC-Karte für ihr Konto zu benutzen. Ginge es nach ihr, sollte ich sogar auf alle Lesungen pfeifen. Echte Arbeit brauche Regelmäßigkeit.

»Das hast du doch gar nicht nötig!«, rief sie.

»Erstens mag ich Lesungen«, sagte ich. »Und zweitens bin ich nicht dafür geschaffen, alimentiert zu werden.«

»Ich weiß«, erwiderte sie. »Aber es gibt Wichtigeres als Geld. Nämlich Freunde, das heißt, einen Freund, der vielleicht nur noch ein paar Wochen unter uns weilt.«

Was sollte ich denn auf dieses »nur noch ein paar Wochen unter uns weilt« erwidern? Der Tod macht jedes Argument zunichte.

Persönlich hatte ich den Maler Grützke erst kennengelernt, nachdem ich bei Tanja eingezogen war. Nun wohnte ich nicht nur in derselben Straße wie er, ich konnte der Familie Grützke sogar in die Fenster sehen. Tanja war sein Zahnklempner, wie er sich ausdrückte. Schon zur Eröffnung ihrer ersten Praxis in der Güntzelstraße hatte sie ein Bild von ihm erworben. Mir kommt es so vor, als wäre sie mit ihm seit Ewigkeiten befreundet, mit ihm und mit seiner Frau Bénédicte, die an der Uni arbeitet, und mit Marie und Lulu, ihren Töchtern. Marie sehe ich oft, weil sie neuerdings bei Edeka in der Uhlandstraße an der Kasse jobbt. Lulu treffen wir häufig morgens, wenn sie vor der Schule Fiffi ausführt, den kleinen Familienhund, den ich noch nie an der Leine erlebt habe. Zudem haben Tanja und der Maler Grützke am selben Tag Geburtstag. Für ihn war ich vor allem Tanjas neuer Mann, jemand, den man danach beurteilt, ob er der Freundin guttut und zu ihr passt. Das ist kein Vorwurf. Wer sich wie Tanja und ich mit Anfang fünfzig von heute auf morgen zusammentut, schleppt seine alten Freundschaften mit wie eine Truppe, bei der nicht klar ist, ob sich alle von ihnen für das gemeinsame Heerlager eignen, oder ob nicht mancher von ihnen meutert oder gar fahnenflüchtig wird. Natürlich lag mir daran, den Maler Grützke für mich einzunehmen. Seine Bitte, die ja nun mal in der Welt war, abzulehnen, wäre ein Enttäuschung gewesen, die erste wirkliche Enttäuschung, die ich Tanja bereitet hätte. Ich gab ihr seinen Brief aus dem Hospiz. »Er wünscht sich doch nur ›ein längeres Gedankenspiel in völliger Freiheit der eigenen Ideen‹«, las sie laut vor und resümierte: »Mehr ist es nicht. Es liegt ganz bei dir, was du daraus machst.«

Eigentlich wollte ich Tanja fragen, was sie unter einem »Gedankenspiel« verstand und warum das eine Kleinigkeit sein sollte. Der Anlass war ein Jahrbuch mit einem Gemälde vom Maler Grützke auf dem Schutzumschlag. Der Herausgeber wollte einen Text zu dem Bild.

Die Vorstellung, ein Hospiz aufsuchen zu müssen, bereitete mir Unbehagen. Krankenhäuser sind mir vertraut. Im Dresden als Kind habe ich oft im Friedrichstädter Krankenhaus übernachtet, wenn meine Mutter Wochenenddienst hatte. Ihr Zimmer lag direkt hinter der Neugeborenen-Station. Das kollektive Geschrei der Babys kurz vor dem Stillen habe ich immer noch im Ohr. Und wie die Hände meiner Mutter rochen, wenn sie von einer OP kam. Aber ein Hospiz, in dem hinter jeder Tür ein sterbender Mensch liegt? Und das im Hochsommer?

Mein Besuch sei ihm jederzeit recht, hatte der Maler Grützke geschrieben und darunter gleich eine Wegskizze folgen lassen. Durch seinen Namen am Ende des Briefes war das Gestrichel zum signierten Kunstwerk geworden, auf das Tanja Anspruch erhob. Ich kündigte mich für den 16. August an, ein Dienstag, gegen 16 Uhr.

Tanja hätte mich gern begleitet, und das wäre mir eigentlich auch lieber gewesen. Aber aus Trotz wie auch aus Furcht, zu viel Zeit mit der Sache zu verlieren, deklarierte ich meinen Gang ins Hospiz zum Arbeitsbesuch. Der Maler Grützke sollte nicht abgelenkt werden. *Mir* musste er von sich erzählen, nicht Tanja, *mir* musste er Kataloge und Schriften empfehlen und mich auf die wichtigsten Texte über sich hinweisen. Außer seinem Fries in der Paulskirche in Frankfurt am Main und dem Porträt des ehemaligen Offenburger Oberbürgermeisters Grüber, und natürlich außer den Bildern und Zeichnungen, die Tanja im Laufe der Zeit erworben oder geschenkt bekommen hatte, kannte ich eigentlich nichts. In einer Ausstellung hatte ich mal das Bild mit Freud, Marx, Herbert Marcuse und dem kleinen Julius Grützke, seinem Sohn, gesehen, wohl eines seiner bekanntesten. Vor allem der liebevoll spöttische Blick von Freud und das Gesicht des Jungen, der den Betrachter über die Schulter anschaut, hatten mich lange vor dem Bild festgehalten. Der Reiz bestand vor allem darin, das Gipfeltreffen der revolutionären Geistesgrößen am heimischen Küchentisch stattfinden zu lassen und auf diese Weise die Heroen in ein familiär-freundschaftliches Verhältnis zur Familie Grützke zu setzen.

Ansonsten aber hatte ich bis zu jenem Dienstagnachmittag noch keine Zeile über den Maler Grützke gelesen und mir auch keine Kataloge angesehen. Wie gesagt, ich hatte anderes zu tun, aber nun war die Sache entschieden.

Trotz der Skizze und der genauen Adresse war ich zunächst am Hospiz *Paul Gerhardt* in Wilmersdorf vorbeigefahren, ich hatte Ausschau nach einem großen alten Gebäude gehalten. Das Paul-Gerhardt-Hospiz jedoch ist ein Flachbau, ziemlich neu, die breite Eingangstür stand offen. Als ich eintrat, war mir sonderbar zumute. Lag es an dem Privileg, hier auf den eigenen Beinen und ganz nach Belieben hinein- und hinausspazieren zu können? Ja ich fühlte mich wider Willen den Insassen überlegen. Ist »Insassen« überhaupt die korrekte Bezeichnung? »Patient« oder »Bewohner« kommen wohl nicht in Frage.

Eine Schwester, die erfreut auf mich zusteuerte, dann aber an mir vorüberging, als hätte sie sich einen Scherz erlaubt, stoppte ich durch meine Frage nach dem Zimmer des Malers Grützke. Einen Moment später stand ich vor seiner Tür. Jetzt erst wurde mir bewusst, dass ich mit leeren Händen auftauchte, so als lohnte es nicht mehr, Sterbenden Blumen oder irgendeine andere Aufmerksamkeit mitzubringen.

Auch auf mein zweites Klopfen hin antwortete er nicht. Ich lauschte. Schlief er? Oder ging es ihm bereits so schlecht?

Plötzlich lautes Stimmengewirr, kaum dass ich die Klinke gedrückt und die Tür einen Spalt breit geöffnet hatte. Ein vielköpfiges Wesen beherrschte den Raum, ein überfülltes Abteil, in das auch ich mich noch zwängte. Hier sollte der Maler Grützke sein? Wer auch immer da im Bett lag, ich konnte ihn nicht sehen. Über den Stuhllehnen hingen zwei Handtaschen, eine Strickjacke und ein dunkelblaues Jackett. Erst als sich im Zugwind die Vorhänge neben der geöffneten Verandatür blähten – die Außenseite ist bis zur Decke hinauf verglast –, und die Zimmertür hinter mir zuschlug, wandte sich eine große Frau mit ausrasiertem Nacken nach mir um. Ihr Blick streifte mich mehr, als dass sie mich ansah, obwohl ich ihr zwei Mal zunickte. Sie konnte Ende fünfzig, vielleicht aber auch siebzig sein. Ihr rabenschwarzes Haar wurde zum Kinn hin immer länger. In der

Linken einen Teller samt Tortenstück, in der anderen eine Kuchengabel, setzte sie sich auf den Stuhl ganz links, dem Fenster am nächsten, und bot mir zuerst ihr Profil mit einem starken Kinn, dann ihren schönen Hinterkopf dar. Die Nächste, die, ebenfalls mit einem Stück Blaubeertorte, vom Bett zurücktrat, war Mitte dreißig, blond und hatte volle Wangen. Bei jedem Krippenspiel wäre ihr die Rolle der Maria, zumindest aber die des Verkündigungsengels sicher gewesen. Sie lächelte mir zu, unsicher, ob wir einander kennen würden, und nahm wortlos neben der Schwarzhaarigen Platz. Ein Mann um die siebzig mit kahlgeschorenem Schädel und einer großen Nickelbrille starrte mich an.

»Unsere gute alte Blaubeertorte«, sagte er heiter. »Wie lange gibt's die eigentlich schon?« Er konnte das unmöglich mich gefragt haben. Aber auch die beiden Frauen reagierten nicht auf ihn. Selbst jetzt, da er übertrieben gründlich kaute, war zu sehen, was er für einen schönen Mund hatte. Die Lippen waren ihm wie ins Gesicht gemalt.

Nun endlich erblickte ich auch den Maler Grützke. Er saß im Bett, seine farbige Schlafmaske hatte er sich auf die Stirn geschoben, was ihm das Aussehen eines Bikers gab, der seine Bandana auch im Krankenhausbett nicht ablegt. Er grüßte mich kurz mit dem Tortenheber in der einen und einem langen Messer in der anderen Hand und schien mir so freudvoll bei der Sache zu sein, als hätte er sich der Blaubeertorte, die vor ihm auf einem Schwenkarm seines Nachttisches platziert war, auch ohne Gäste mit derselben Leidenschaft gewidmet.

Ich war ziemlich bedient. Was sollte ich inmitten dieses Kaffeeklüngels, der sich hier eingenistet hatte? Etwa warten, bis sich alle verzogen haben würden? Ahnte Tanja überhaupt, was sie mir da eingebrockt hatte?

Beinah scheu begrüßte mich ein braungebrannter junger Mann mit einem auffallend unsymmetrischen Gesicht. Mit seinem weißen Hemd, der dunkelblauen Weste samt gleichfarbiger Anzughose schien er von einem offiziellen Treffen direkt ins Hospiz geeilt zu sein, den Schlips womöglich in der Hosentasche.

»Nehmen Sie sich einen Teller«, sagte er und deutete auf den kleinen fahrbaren Tisch an der linken Wand.

Ich lehnte ab.

»Ich bin Enrico«, stellte er sich vor.

Ich nannte meinen Vornamen und meinen Familiennamen.

»Ich hab einen Termin mit ihm«, erklärte ich und deutete auf den Maler Grützke.»Ich bin zum Arbeiten hier.«

»Tun Sie ihm den Gefallen«, bat der braungebrannte Enrico, dessen Freundlichkeit wohltuend war. Aus einer Thermoskanne schenkte er Kaffee in zwei Tassen und brachte sie der Schwarzhaarigen und dem Weihnachtsengel, vor denen er kurz niederknien musste, um die Tassen auf dem Boden abstellen zu können.

Um nicht als Einziger unbeschäftigt herumzustehen, zog ich dann doch eine der Kuchengabeln aus dem Glas mit dem Besteck, das neben der Thermoskanne, einer Schale voller Zuckerröhrchen und einer Plastedose mit Kondensmilch stand, nahm aus der Zwischenetage des Rollwagens einen Teller und trat an das Bett heran.

»Traudel«, sagte der Maler Grützke im Tonfall größter Enttäuschung zu der Frau, die vor mir an der Reihe war.»So klein gibt's nicht.«

»Doch«, sagte Traudel und nickte. Die Handkante ihrer zarten Rechten schwebte dicht über der angeschnittenen Blaubeertorte.

Offenbar war die Torte vorher nicht halbiert oder geviertelt worden, doch hatte der Maler Grützke für jedes Stück jeweils den Mittelpunkt mit der Messerspitze getroffen.

»Nochmal, Traudel«, insistierte er. Sie vergrößerte mit ihrer Hand das Stück unwesentlich. Ihr grauer Zopf, der so dick wie bei einem Mädchen war und ihr bis zur Hüfte reichte, pendelte hin und her. Nun, da ich gleich an der Reihe sein würde, wusste ich plötzlich nicht mehr, ob mich der Maler Grützke in seinem Brief mit »Sie« oder »Du« angeredet hatte.

»Ich dachte, wir wären verabredet?«, fragte ich leise, während er die Torte zum Halbkreis stutzte und das Stück, das dank Traudels Zurückhaltung besonders groß geraten war, auf meinen Teller bugsierte.

»Aber wir *sind* verabredet!«, entgegnete er und lächelte mich aus seinem bleichen Gesicht an. Er war frisch rasiert und duftete. Das weiße kragenlose Hemd – oder war es nur ein Unterhemd? – machte seinen Hals noch dünner, als er ohnehin schon war.

»Ich meine«, ergänzte ich, »zur Arbeit verabredet.«

»Zur *Arbeit* verabredet!«, wiederholte er für alle gut hörbar, seine Augen leuchteten geradezu. Nebenbei strich er Messer und Tortenheber aneinander ab, legte sie neben die halbe Torte und schob den Schwenkarm zurück, als würde mit mir sein Laden geschlossen.

»Isst du nichts? Gerade du solltest was essen«, rief jene Traudel, die sich auf den letzten freien Stuhl gesetzt hatte. Sie musste eine auffallende Schönheit gewesen sein. Schön war sie noch immer, besonders ihre blauen Augen fielen mir auf, obwohl ich fast nie die Augenfarbe meines Gegenübers wahrnehme. Der Schöpfer schien ihr allerdings die Feinheit des Mundes nur auf Kosten eines verkleinerten Kinns zugestanden zu haben, was ihrer ganzen Erscheinung etwas Zerbrechliches verlieh. »Wer arbeitet, soll auch essen!«, sagte sie mit Nachdruck. Dabei hielt sie einen ersten Bissen auf der Kuchengabel vor sich, als wäre sie noch unschlüssig, wem der zukommen sollte.

Ich verzog mich hinter die Stuhlreihe neben den braungebrannten Enrico mit dem unsymmetrischen Gesicht und probierte von der Blaubeertorte, während der Maler Grützke ein Klemmbrett auf seinen Oberschenkeln postierte und nahezu in derselben Bewegung, mit der er einen Bleistift aus der Zigarrenschachtel nahm, schon über das Blatt fuhr.

»Schmeckt's?«, fragte Enrico.

»Ja«, sagte ich.

Ich konnte meine Ratlosigkeit und Enttäuschung schlecht verbergen. Keiner der Besucher erweckte den Eindruck, sich bald zurückziehen zu wollen. Wie der Maler Grützke auf die Idee kam, mir diese Umstände als Arbeitsatmosphäre zu verkaufen, war mir schleierhaft. Oder wollte er mich abwimmeln? Vielleicht hatte er den Brief an mich nur Tanja zuliebe geschrieben?

Ich musste dem Maler Grützke zugestehen, dass *er* tatsächlich arbeitete. Er schuf sich seine eigene Arbeitsatmosphäre, und häuslich eingerichtet hatte er sich auch. Sein großer Nachttisch war überhäuft mit Kuverts, Briefen, Ansichtskarten, Fotografien seiner Frau und seiner Töchter, Stiften, verschiedenen Notizblöcken, wie man sie in Hotels findet, mehreren Schokoladentafeln, zwei Tassen und einem alten großen Wecker. Unter der Schublade war ein offenes Fach, in dem standen der Größe nach geordnet Kataloge und Bücher.

»Hel-ga«, sagte der Maler Grützke so gedehnt, als hätten die beiden Silben nichts miteinander zu tun.

»Die Fliege«, rechtfertigte sich die Schwarzhaarige, die sich wohl aus Neugier ein paar Zentimeter von ihrem Stuhl erhoben hatte und nun mit der Hand, in der sie die Gabel hielt, über der Blaubeertorte herumfuchtelte.

»Ach!«, rief sie plötzlich. Eine große Blaubeere war über ihren Tellerrand gerollt und lag nun zwischen den beiden Kaffeetassen zu ihren Füßen. Der blonde Weihnachtsengel bückte sich danach.

»Könnte man eigentlich noch essen«, sagte sie.»Ist alles so sauber hier.« Sie nahm die Blaubeere zwischen Daumen und Zeigefinger, hielt sie sich vor die Augen und begutachtete sie wie eine Perle.

»Auch so wohnlich«, ergänzte Traudel, die kerzengerade saß, als wollte sie das Jackett von Enrico über ihrer Rückenlehne schonen. Sie allein hielt ihren Teller auf Brusthöhe.

»Ist das normal, so 'ne dicke Blaubeere? Oder ist die genetisch aufgeblasen?«, fragte der Weihnachtsengel. Sie, die mit Abstand Jüngste hier im Raum, war die Unbefangenste, zumindest gestand man ihr diese Rolle zu.

»Blaubeeren sind meistens groß. Was du meinst, sind Heidelbeeren. Heidelbeeren sind kleiner«, belehrte sie der Mann mit dem kahlrasierten Kopf und dem schönen Mund neben ihr. »Heidelbeeren gibt's nur im Wald.«

»Ist das nicht dasselbe?«, fragte der Weihnachtsengel, ohne von der Beobachtung der Blaubeere abzulassen.

»Glaub ihm, Julitschka«, sagte Traudel und hob ihren Teller noch höher, »selbst wenn er sich wieder mal täuscht, wird er dir gleich beweisen, dass du unrecht hast.«

»Wer keine Argumente hat«, fuhr der Kahlkopf sie an, »sollte schweigen, nicht wahr?«

»Blaubeeren *sind* Heidelbeeren«, verkündete Helga, die Schwarzhaarige mit dem schönen Hinterkopf. »Julia hat recht, und du lässt bitte Irmtraud in Ruh, ihr seid längst geschieden!«

»Wer hat denn angefangen?«, brauste der Kahlkopf auf und starrte dabei auf die Blaubeere zwischen Julias Fingern. »Oder ist euer Kurzzeitgedächtnis passé?«

Im selben Moment steckte der Weihnachtsengel die Blaubeere in den Mund. Angewidert verzog Helga das Gesicht.

»Das muss doch nicht sein, Julia!«

»Erziehst du deine Tochter immer noch, ja?«, fragte der Kahlkopf, schlug die Beine übereinander und drückte mit der Gabel die übrig gebliebenen Krümel des Tortenbodens auf, wobei er den Teller wie Traudel-Irmtraud, seine Nachbarin zur Rechten, höher hob.

Warum umgab sich der Maler Grützke mit dieser Gesellschaft? Brauchte er sie, um seine Bilder malen zu können, um seine Leinwände im wahrsten Sinne des Wortes zu bevölkern? Versammelte er noch einmal die alte Garde seiner Freunde? Kannte Tanja sie, und kannten sie Tanja? Wussten sie überhaupt, dass ich Tanjas Mann war?

Nach der Blaubeertorte wollte ich den Maler Grützke um einen neuen Termin bitten, um ein Gespräch unter vier Augen, von mir aus schon morgen oder, wenn es gar nicht anders ging, noch am heutigen Abend.

»Richtig gemütlich hast du's hier!«, sagte Traudel-Irmtraud.

»Alles meine Bénédicte, alles Bénédicte«, sagte der Maler Grützke schwärmerisch, ja er strahlte förmlich auf, weil er Gelegenheit erhielt, von seiner Frau zu sprechen. »Das da ist Kimono-Stoff, echter Kimono-Stoff!«, rief er und deutete mit dem Stift auf das breite rote Band, das sich zwischen zwei Simsen quer über die Wand zog, an der sein Bett stand. Auf dem unteren Sims wechselten Bücherstapel und Bilder einander ab, auf dem oberen hatte er ein kleines Radio postiert. »Hat alles meine Bénédicte gemacht, alles ihr Werk!« Auch seine Stimme klang sanft und weich. »Ich find's nur schön! Das ist ihr Zimmer, ich bin der Gast!«

Eine zweite, allerdings senkrecht gespannte Bahn des roten Kimono-Stoffes an der gegenüberliegenden Wand steigerte den Eindruck des Salonhaften, den der Raum auch ohne Bilder gemacht hätte.

»Ist das ein echter Grützke?«, fragte ich.

»Das da«, rief er lachend, »das haben wir mal in einem italienischen Blumenladen erstanden, auf unserer *grand tour*, das ist florentinische Akademieware, und das, das hängt eigentlich bei mir im Atelier, jetzt hängt's eben hier.«

»Und der Blaubeer- oder Heidelbeerkuchen, woher kommt der?«, fragte ich weiter, ermutigt von seiner ausführlichen Antwort. Mir lag daran, etwas Verbindlichkeit zu schaffen. Mein baldiger Abgang sollte weder den Maler Grützke noch seine Gäste kränken.

»Das ist eine Tarte, Blaubeertarte«, erklärte der Maler Grützke, der bereits wieder mit seinem Blatt beschäftigt war.

»Von meinem Mann!« Julia, der Weihnachtsengel, drehte sich zu Enrico um.

132

»Neue Kantstraße, Ecke Trendelenburgstraße«, ergänzte Enrico. »Ein französischer Bäcker.«

»Das wird auf der ersten Silbe betont: Tréndelenburg«, rief der Maler Grützke.

»Tréndelenburgstraße?« Enrico stolperte über die vielen unbetonten Silben.

»Tréndelenburg«, wiederholte der Maler Grützke leichthin.

»Kannste einem Berliner glauben.« Er schien etwas auf seinem Nachttisch zu suchen. Weil er es nicht fand, lehnte er seine Zeichenunterlage samt Blatt zur Wand, um nun mit beiden Händen das Chaos zu durchforsten.

Inzwischen versuchte ich mich in einer Art Inventur und war überrascht, dass wir nur sechs Gäste waren, drei Frauen und drei Männer. Der Verandatür am nächsten saß Helga, die mit dem schönen Hinterkopf, die sich gerade eine Strähne ihres pechschwarzen Haars aus dem rechten Mundwinkel zog, neben ihr Julia, ihre Tochter, der blonde Weihnachtsengel, verheiratet mit Enrico. Enrico hatte also nicht irgendwem die Kaffeetassen vor die Füße gestellt, sondern seiner Schwiegermutter und seiner Frau. Der Kahlgeschorene mit dem schönen Mund und der großen Nickelbrille neben Julia besaß für mich noch keinen Namen. Aber offenbar war er mal der Mann von Traudel-Irmtraud, der Zerbrechlichen mit dem grauen dicken Zopf rechts von ihm gewesen. Und neben mir stehend Enrico im Anzug, der wahrscheinlich Traudel-Irmtraud seinen Platz angeboten hatte, sonst würde nicht sein Jackett über deren Stuhllehne hängen. Womöglich galt er als Angeheirateter in der Hierarchie dieser Zimmergesellschaft am wenigsten. So jedenfalls ließe sich erklären, dass ausgerechnet er sich mir, dem Fremden, gegenüber am offensten zeigte. Was sie alle jeweils mit dem Maler Grützke verband, der siebenten Seele im Raum, musste ich noch herausfinden. Von ihm aus gesehen hatten wir uns vor seinem Bett wie zu einem Foto gruppiert: Enrico und ich hinter der Reihe von vier Sitzenden.

»Hier mit Kaffee und Kuchen empfangen zu werden – wer hätte das gedacht«, sagte ich an Enrico gewandt.

»So kann's gehen!« Der Kahlkopf drehte sich nach uns um. »Aber von einem ›Empfang‹ zu sprechen scheint mir übertrieben, oder?«

»Ich bin noch nie in einem Hospiz gewesen«, bekannte ich.

»Haben Sie Klageweiber erwartet?«, hakte er nach.

»Das nicht gerade«, erwiderte ich und wich seinem Blick aus. Einem Streit mit diesem Querulanten wollte ich aus dem Weg gehen.

»Es gibt überhaupt keinen Grund, traurig zu sein, mir geht's nämlich blendend!«, rief der Maler Grützke, der nun endlich gefunden zu haben schien, wonach er die ganze Zeit gesucht hatte. »Erstens hält man mich schmerzfrei, zweitens glücklich!«

Er steckte das farbige Blatt, das er aus der Schublade gezogen hatte, in eine durchsichtige Folie. »Reich mal rüber!«, wies er Helga an, die aber erst ihre Kaffeetasse und den Teller abstellen musste.

»Kenn ich!«, rief sie und nahm dann die Abbildung mit beiden Händen entgegen. »Das ist von neunzehnhundert …?«

»Sechsundsiebzig.«

»Und was machen die da?«, fragte sie.

»Das ist doch der Clou bei seinen Bildern. Das weiß man nie so genau. Das müsstest du allmählich verstanden haben«, sagte der Kahlkopf.

»Deshalb frage ich ja euch«, sagte Helga und strich sich das Haar zurück, eine Geste, die wohl eher zu längeren Haaren, also einer früheren Frisur gehörte.

»Für einen Realisten ziemlich unrealistisch«, kommentierte Julia, an die Helga die Abbildung weitergereicht hatte.

»Wieso bin ich Realist?«, meldete sich der Maler Grützke, der seine Arbeit wieder aufgenommen hatte. »Bin ich nicht eher Surrealist oder Naturalist oder Expressionist? Das wäre ich alles! Aber ich bin viel mehr: Ich bin Maler!«

»Und wie heißt es?«, fragte Julia.

»*Die Vorlesung*«, sagte der Kahlkopf, der, soweit ich das sehen konnte, nur einen kurzen Blick darauf geworfen hatte. »Das ist schon klassisch geworden, oft reproduziert, hängt in Marburg, in der größten privaten Grützke-Sammlung.«

»Ich glaube, das ist für mich bestimmt!«, sagte ich und trat hinter Julias Stuhl. Der Kahlkopf aber, der sich eben noch gelangweilt gegeben hatte, war schneller und zog das Bild Julia zwischen den Fingern weg.

»Das ist Sokrates, der seinen Besuchern im Kerker vorliest«, sagte er.

»Das ist kein Sokrates«, widersprach Enrico. »Die Nase ist unsokratisch spitz. Außerdem hat er den *Tod des Sokrates* schon mal gemalt.«

»Oh ja«, rief Traudel-Irmtraud. »Bei seinem Sokrates berühren die Schüler die Füße und Hände und starren ihn an, weil sie rauskriegen wollen, ob das Gift schon wirkt und ob die Lähmung bereits eingesetzt hat. Und Sokrates lacht – oder es sind die Krämpfe, die sein Gesicht verzerren.«

»Von wem sprichst du?«, fragte Helga.

»Von Sokrates, dem auf dem Bild, dem anderen Bild. Das hat sich mir eingeprägt.«

»Eigentlich prägen sich alle Grützke-Bilder ein, gerade auch die, die man sich gar nicht einprägen will«, sagte der Kahlkopf, der sich vorgebeugt hatte, wie um mir die Sicht zu nehmen. »Spricht da der Neid, Kollege a. D.?«

»Traudel! Nun lass du den Peter aber auch!« Besänftigend berührte Julia den Kahlkopf an der Schulter. »Kann mir vielleicht jemand sagen«, fuhr sie fort, »ob ich mir was einprägen will oder ob es mir unabhängig von meinem Willen eingeprägt wird? Hilft der Wille nur nach? Oder entscheidet er?«

»Wir tragen doch alle seine Bilder mit uns herum«, sagte Peter, der Kahlkopf, beinah andächtig. »Wir sind gewissermaßen kontaminiert von seinen Bildern.«

»Kontaminiert? Wieso denn kontaminiert?«, protestierte Helga.

Der Maler Grützke lächelte. Oder war es die Anstrengung, die seine Lippen bewegte?

»Na, sind das nicht regelrechte Angriffe auf die Augen, auf den Betrachter?«, erklärte Peter, der, wenn ich Traudel-Irmtrauds Bemerkung richtig deutete, mal ein Kollege vom Maler Grützke gewesen war. Deshalb beanspruchte er hier die Führungsrolle und glaubte wohl, sich unentwegt aufplustern zu müssen. »Nach einer Weile allerdings bin ich froh, dass sie sich mir eingeprägt haben«, endete er konziliant.

»Darf ich mal!« Ich langte über Peters Schulter. Doch vergeblich! Blitzschnell drückte er sich die Abbildung an die Brust.

»Bitte«, sagte ich, ohne meine Hand wieder zurückzuziehen, »das ist für mich bestimmt.«

»Sie werden es noch rechtzeitig nach Hause tragen«, erwiderte er und patschte mir die leere Folie auf die Hand. Das Bild behielt er.

»Ein geheimnisvolles Werk, das darf ich wohl sagen«, bemerkte Irmtraud versonnen, statt gegen die Grobschlächtigkeit ihres früheren Gatten zu protestieren. Sie war doch eine Zeugin dieser Unverschämtheit. Und die anderen? Hatten sie keine Augen im Kopf? Waren sie taub? Warum rief ihn niemand zur Raison? Nicht einmal Enrico nahm an Peters Rüpelei Anstoß. Und der Maler Grützke wollte nichts bemerkt haben. Ein Wort von ihm hätte doch genügt, den Spuk zu beenden.

»Wird dir das nicht alles zu viel, Johannes?«, fragte Irmtraud.

»Mir? Nee! Mir ging's noch nie so gut wie jetzt. Muss ja nicht immer was sagen!«

»Maler, rede nicht! Male!«, rezitierte Peter Kahlkopf im Hochgefühl seines Erfolgs. Am liebsten hätte ich ihm eins mit der Kuchengabel über seinen kahlen Nüschel gegeben.

»Aber das Bild hier, das ist anders. Das ist nicht so, dass es einen anspringt«, sagte Irmtraud.

»Anspringt«, äffte Peter sie nach, der die Abbildung eingehend betrachtete. »Bilder springen nicht.«

Sie waren uneins, ob eine Figur auf dem Bild nun ein Mann oder eine Frau sei. Trotzdem ließ Peter sich das Bild widerstandslos von Irmtraud abnehmen, die es aber nur kurz in ihren Porzellanhänden hielt. Dann gab sie es an Peter Kahlkopf vorbei dem Weihnachtsengel Julia, die das Bild gemeinsam mit Helga ansah. Und ich lief wie ein Depp hinter den Stühlen auf und ab und gaffte ihnen über die Schultern.

Je länger sie ihre Ansichten zum Besten gaben, desto fremder wurde mir hier alles. Zwar verbrachte ich meinen Alltag seit einiger Zeit mehr oder weniger inmitten der alteingesessenen Westberliner Gesellschaft, aber über einen Small Talk im Treppenhaus oder nach einer Lesung kam ich selten hinaus. Ich musste mir eingestehen, keinen blassen Schimmer von jener Welt zu haben, der diese Kunst entstiegen war, worauf sie sich bezog und worauf sie reagierte. Wollte der Maler Grützke mich das spüren lassen? War er überzeugt, dass, ganz gleich was ich anstellte, meine Bemühungen geradezu mit Notwendigkeit stümperhaft bleiben müssten?

»Für mich steht das Bild in einer Tradition, die beginnt spätestens bei Raffael, bei seiner *Schule von Athen*!«, sagte Enrico, der neben mir über Julias Schulter sah.

»Und mich hat die Schöne links oben – hält sie die Augen geschlossen oder nicht? – ich trau's mir gar nicht zu sagen, ist bestimmt Blödsinn ...«, girrte Irmtraud, deren Zopf zwischen Lehne und Rücken klemmte.

»Nun sag schon!«, forderte Peter.

»Irgendwie erinnert mich das an das *Floß der Medusa* von Géricault. Als halte sie sich gerade noch auf dem Floß, und der gebogene Rücken, das ist doch wie der Junge, der, mit dem Tuch oder seinem Hemd oder was er da in der Hand hat, winkt ...«

»Die? Die sich den Rock wie eine Radfahrerin hochgestrampelt hat? Der Vorleser müsste nur mal nach links schielen, dann sähe er ...«

»Darf ich mal?«, sagte ich und schnappte mir endlich das Bild.

»Das ist der Schriftsteller Schulze!«, rief der Maler Grützke, als hätte er mich eben erst bemerkt. »Schulze, Ingo, er arbeitet in

Prosa.« Hatte er nur auf eine entschiedene Geste von mir gewartet? Musste ich einfach bestimmter auftreten?

»Schreibt er über dich?«, fragte Peter. Er klang enttäuscht. »Eine Bildbeschreibung?«

»Keine Bildbeschreibung«, sagte der Maler Grützke, »das Bild existiert doch!«

»Was soll es denn dann werden?«, fragte ich, weiterhin die Anrede vermeidend und in der Hoffnung, die Aufmerksamkeit des Malers Grützke nun dauerhaft zu erringen.

»Ein Gedankenspiel«, wiederholte er seine Formulierung aus dem Brief. Er bestelle gar nichts, er mache keinerlei Vorgaben.

»Ich dulde jede Deutung, ich dulde alles«, sagte er, ohne aufzusehen.

»Jede?« Peter lachte auf. »Du kannst doch nicht jede Deutung dulden?«

»Kennt ihr euch schon so lange?«, wollte Helga vom Maler Grützke wissen.

»Ich dulde alles. Man kann nicht verlangen, verstanden zu werden.« Dann zeichnete er weiter, als hätte er eine Tür hinter sich geschlossen.

»Also, Herr Prosaschriftsteller«, begann Peter, der die Wörter genüsslich dehnte. »Sie sehen, wie niedrig die Erwartungen unseres Meisters kurz vor seinem Tod ...«

Peter brach ab. Nicht nur ich war erschrocken. Erstmals hörte ich das Ticken des Weckers auf dem Nachttisch und das leise Kratzen des Bleistifts.

»Erweisen Sie sich seiner würdig«, flüsterte Irmtraud. Was sollte ich darauf antworten? Die Fliege, die Helga wieder von der Torte scheuchte, kreiste über unseren Köpfen.

In diese Stille hinein erklang – ein Saxofon. Ich war irritiert, da ich im ersten Augenblick nur einen Laut hörte, einen nicht-menschlichen Laut. Erst danach erkannte ich darin einen Ton, mehrere Töne und schließlich so etwas wie eine Melodie. Enrico ging in kleinen Schritten auf und ab, als brauchte er Bewegung, um sein Instrument spielen zu können. Ich zog mich aus dem Blickfeld der vier, die sich auf ihren Stühlen umgewandt hatten, in Richtung Terrassentür zurück, und sah mir die Abbildung an. War es meine Aufgabe, diese geradezu miteinander verknäulten Figuren zu entwirren? Wer sieht wen an? Wer sieht aus dem Bild heraus? Wer sieht den Vorleser an? Erst nach einer Weile entdeckte ich die Figur ganz unten rechts, die sich an der Wade der Hauptfigur festklammert und an dem schräg herabhängenden Arm der auf der Bank liegenden Figur. Was ist das überhaupt für ein Raum, in dem sich die Menschen drängen, als reichte der Platz für sie nicht aus? Liegt nicht das eigentliche Geheimnis des Bildes in dieser Zusammenballung von Figuren, deren Gemeinschaft einerseits logisch, andererseits absurd erscheint? Was bringt sie zusammen? Was hält sie beieinander? Eindeutig ist allein die Beziehung des Vorlesers zu der Figur in der Mitte, die als Einzige ganz Ohr ist. Aber selbst sie könnte während des Vorlesens ins Träumen geraten sein und nichts mehr hören. Ihr auf die Faust gestütztes Kinn erinnert an Rodins *Denker*. Überhaupt finden sich überall Gesten und Haltungen, die man aus den berühmtesten Bildern der Kunstgeschichte zu kennen glaubt, die aber hier isoliert auftreten, Zitate, deren Sinn erst noch gefunden werden muss, sei es eine deutende Hand oder die schmutzige Fußsohle. Und wenn hier überhaupt kein Sinn existiert? Ist das eine Art Capriccio?

Enrico spielte immer furioser, als wollte er mir Gelegenheit geben, mich in das Bild zu vertiefen. Liest dieser Bärtige in einem Seminar vor, in einer Zelle, einem Spital oder einer Anstalt? Ist die Figur in der Mitte eine Frau, weil sie als Einzige eine gelbe Bluse mit kurzen Ärmeln trägt? Eng um sie herum gruppieren sich die anderen in ihren blass- oder graublauen Hemden, sie drängen oder lehnen sich zumindest an sie, eine unkonzentrierte Schar, die den bärtigen Vorleser einen guten Mann sein lässt. Er, der von links ins Bild ragt und von dem nur der Kopf, ein Teil des Oberkörpers und die auf das Pult (oder den hohen Tisch?) gestützten Unterarme samt eines roten Buches (oder einer roten Broschüre?) zu sehen sind, ist von seiner Mission durchdrungen, ganz gleich, wie die Reaktionen ausfallen, er wird seine Messe zu Ende lesen. Ist es ein kreatürliches Zusammenhalten jenseits aller Worte und Lehren? Erlaubte sich der Maler Grützke durch die Auswahl gerade dieses Bildes einen Scherz mit mir, weil ich ihm bei unserer ersten Begegnung gestanden hatte, einen Teil meines Geldes als herumreisender Vorleser zu verdienen, also den neuen Roman auch deshalb dringend zu brauchen, um zu Lesungen eingeladen zu werden?

»Erweisen Sie sich der Kunst würdig!«, wiederholte Peter die Worte seiner geschiedenen Frau nach dem letzten Ton des Saxofons. »Geben Sie sich Mühe!«

»Nehmen Sie das nicht persönlich«, beschwichtigte mich Julia, noch bevor ich überhaupt etwas erwidern konnte. »Peter ist ein guter Maler! Aber wenn es einen so überhaupt nicht ernährt ...«

»Kann man denn aufhören, Maler zu sein?« Schon im Aussprechen hätte ich mir am liebsten auf die Zunge gebissen. Verletzen wollte ich ihn nicht, auch wenn er eine Zumutung war.

»Wissen Sie, was 1970 Philip Guston, alias Philip Goldstein, widerfuhr, als er in New York gegenständliche Malerei ausstellte, obwohl er zuvor abstrakt gemalt hatte?«, fragte Peter. Ich war mir unsicher, ob er meinen Fauxpas überging oder für seinen Gegenschlag nur weiter ausholte. »Sie haben Guston gekreuzigt, sie haben ihn einen Judas geschimpft und einen Stümper, weil er die Höherentwicklung der Malerei damit negieren würde. Und wissen Sie was? Ich habe ihn beneidet. Ich habe ihn unendlich beneidet! Ich hatte schon zwei Jahre früher die abstrakte Malerei hinter mir gelassen und wieder figürlich gemalt. Nur hat das niemanden interessiert, es hat überhaupt niemand bemerkt.«

Wir schwiegen verlegen. Und mir dämmerte, wie vermessen ich war. Ich hatte ja wirklich keine Ahnung, was es bedeutete, in der ehemaligen BRD gegenständlich zu malen. Wurde man östlicher Sympathien verdächtigt? Wie viele Bücher hatte ich zu lesen, um das Umfeld, in dem der Maler Grützke agierte, zu begreifen?

»Weißt du noch?«, fragte Peter und räusperte sich so stark, dass es schon wie die Parodie eines Räusperns wirkte. Mit leuchtenden, ja feuchten Augen sah er den Maler Grützke an. »Der Zukunftslose ist der Vergangenheitsreiche!‹ *Do you remember?*«

»Moderne Kunst ist Blödsinn, wir haben nichts damit zu tun …«, erwiderte der Maler Grützke in einer Art rhythmischem Sprechgesang.

»Wir sind keine modernen Künstler, wir sind Klassiker!«, führte Peter die Rede in derselben unnatürlichen Tonlage fort. »Kunst ist nicht modern, sondern immer!«

»Wenn ich in die Zukunft sehe«, gab der Maler Grützke zurück, »so sehe ich gar keine Zukunft, sondern sehe Vergangenheit. Warum?« Sein Blick traf mich. »Weil Zukunft unsichtbar ist, nicht existent«, erklärte er mir, »Vergangenheit dagegen sichtbar, denkbar, fassbar, greifbar, fühlbar ist, weil existent.« Meinte er das ernst oder spektakelte er nur? Dann zeichnete er weiter. Ich wollte gerade etwas über die Vergegenwärtigung der Vergangenheit erwidern, kam aber nicht dazu.

»Moderne Kunst ist Blödsinn. Wir haben nichts damit zu tun«, stieß Irmtraud zu den ersten Tönen von Enricos Saxofon hervor. »Wir sind keine modernen Künstler«, bellte sie, »wir sind Klassiker!« Sie bebte. »Kunst ist nicht modern, sondern immer!«, beendete sie hochrot im Gesicht ihren Part.

»Der Zukunftslose ist der Vergangenheitsreiche««, wiederholte der Maler Grützke, als wäre dieser Text – war es ein Libretto? – beim Refrain angelangt, und fuhr fort: »Er ist glücklich, er sieht klar, er lässt sich nicht täuschen. Er ist frei, frei von dem Wahn, der da sagt, die Zeit habe eine Richtung. Wir bestehen aus Vergangenheit, Zauber und Mythos!«

Mit dem letzten Wort schien der Maler Grützke auch den letzten Strich getan zu haben. Er öffnete die Zigarrenschachtel und ließ den Bleistift hineinfallen. Die vor mir Sitzenden klatschten Enrico Beifall, was beim ersten Mal unterblieben war.

Außer mir fand offenbar niemand dieses Theater deplatziert oder auch nur seltsam. Da sie aber alle nach dem Klatschen still ihren Gedanken nachhingen, hätte ich meine Verwunderung coram publico bekennen müssen. Ich war sowieso schon der Außenseiter und hielt lieber den Mund. Dabei hätte ich den Maler Grützke gern gefragt, ob das ebenso ein »Gedankenspiel« gewesen wäre, wie er es sich von mir erhoffte. Ich fühlte mich geradezu leer, gedankenleer wie nie zuvor. Ich würde mich an seinen Bildern aufreiben, wegen des Zeitdrucks meinen Roman verhauen und bei alldem Tanja enttäuschen, die offenbar glaubte, ich müsse näher an ihre Welt herangeführt werden. Aber war das hier tatsächlich ihre Welt?

»Das Bild hat keine Hauptperson«, rief Peter und riss mich aus meinen Gedanken. »Keiner darf fehlen.«

»Der Vorleser darf nicht fehlen«, wandte Julia ein. »Aber sonst?«

»Unmöglich«, widersprachen Peter und Irmtraud wie aus einem Mund.

»Mir kommt es so vor, als hätte ich die Figuren alle schon mal als, als – na, wie heißt das jetzt – Motiv? Als hätte ich sie schon mal gesehen«, sagte Helga, die sich gleich darauf wieder vorbeugte, um abermals die Fliege von dem Rest der Blaubeertarte zu scheuchen. »Sie alle kommen mir irgendwie bekannt vor.«

»Geht mir genauso«, sagte ich.

»Ich sehe hier die ganze Zeit eine Pietà, oder? Das ist doch eine Pietà?«, fragte Helga. »Aber so richtig ist es auch wieder keine. So richtig streiten würde ich nicht dafür.«

»Zeigen Sie uns noch mal das Bild!«, bat Julia.

Ich hielt es ihnen hin, die beiden oberen Ecken jeweils zwischen Daumen und Zeigefinger.

»Kuscheln die sich aneinander oder suchen sie Zuflucht beim anderen?«, fragte Julia.

»Ganz gleich, was sie machen«, sagte Peter und beugte sich vor, »sie tun es symmetrisch!« Mit zwei Bewegungen seiner Rechten tat er, als würde er das Bild in vier Viertel teilen, ganz so, als wäre es eine Torte. »Alle Linien führen durch sie hindurch oder gehen von ihr aus. Seht ihr?« Peter sah zu mir auf. Ich händigte ihm die Abbildung in der von ihm zerknitterten Folie aus, er nahm sie mit einer Selbstverständlichkeit entgegen, als wäre ich sein Assistent, der das Bild parat zu halten hatte.

Ich wandte mich ab und zog aus der rechten Innentasche des Jacketts mein Notizbuch hervor. Wenigstens darüber verfügte ich allein. Dann notierte ich: Symmetrie des Bildes. In Klammern: Bis auf den Vorleser.

Julia meinte, die zentrale Figur wäre die Einzige, die zuhört, sie halte alle anderen bei der Stange, um sie ranke sich alles. Irmtraud nannte die Zentralfigur »eine Mutter oder große Schwester mit sechs Kindern, die von allen Begehrte!« Sie allein werde von allen berührt. Sie stritten darüber, ob die Figur in der Mitte nachdenke oder lausche. Helga glaubte entdeckt zu haben, indem sie mit dem Zeigefinger die Linie des ausgestreckten linken Arms des Mannes in der weißen Hose nachfuhr, dass sein Arm nirgendwo anlange, an keinem anderen Körper. »Erwartet er Hilfe?«, fragte Helga, »oder wenigstens eine Berührung?«

»Vielleicht«, sagte Enrico, »muss man eine Weile warten, bis sie dem Schwarzhaarigen ihren Finger aus dem Mund zieht. Sie braucht nur ihren angewinkelten Arm zu strecken, dann kann sie die Hand des anderen ergreifen. Vielleicht wird jede und jeder mal bedacht.« So, wie sie über Kunst sprachen, stellte ich mir Lesezirkel vor. Aber hatte ich denn mehr zu bieten?

»Vielleicht lächelt der Liegende allein deshalb, weil sein Kopf auf ihren Schoß gebettet ist«, sagte Julia, »weil er ihr am nächsten von allen gekommen ist.«

»Ich glaube«, sagte ich zu Enrico – und ich sagte es auch, um meine eigene Stimme zu hören und mich meiner Anwesenheit in diesem Raum zu vergewissern –, »dass er sich selbst sehr genau beobachtet. Der Maler Grützke sieht sich von außen und kommt dabei nicht besser weg als seine Figuren. Zuerst stellt er sich selbst infrage, dann die Welt.«

»Aber er macht auch ein Genie aus sich, finden Sie nicht?«

Ich sah zum Maler Grützke hinüber, der sich zurückgelehnt hatte, die Augen geschlossen, die Schlafmaske bedeckte Augenbrauen und Stirn.

»Seine Figuren nehmen die Kritik an sich bereits vorweg, als liefere er die Parodie gleich mit. Aber genau deshalb bestehen sie.«

Enrico sah mich an, als erwartete er weitere Erklärungen. Redete ich mich gerade um Kopf und Kragen?

»Wem gehören eigentlich diese Füße und diese Beine, die Beine in der weißen Hose?«, fragte Peter. »Denn der, dem ich sie bisher zugeschrieben habe, der Mann in der Mitte, der kann es eigentlich nicht sein. So verdreht niemand seinen Körper. Diese Beine gehören niemandem, niemandem, der uns sichtbar ist – schreiben Sie denn alles mit?«, fuhr er mich plötzlich an.

Er, der beanspruchte, in dieser Runde der Petrus zu sein, hatte meine Kapitulation, die das Aushändigen des Bildes bedeutete, angenommen. Wollte er mir jetzt noch mein Asyl streitig machen?

»Ist es Ihnen nicht recht?«, fragte ich.

»Finden Sie denn unser Gequatsche interessant?«

»Ja«, sagte ich, »unbedingt.«

»Und was machen Sie daraus?«

»Ich bin erst am Anfang«, rechtfertigte ich mich.

»Sie müssen doch eine Idee haben?«

»Das ist seine Sache!«, rief der Maler Grützke, der seine Augen wieder aufgeschlagen hatte, »ganz allein seine Sache.«

»Ich sammle noch«, sagte ich.

»Was bei mir der Pinsel macht, das macht bei ihm der Stift, der Stift sucht sich …«

»Der Computer«, verbesserte ich ihn, »ich schreibe mit dem Computer …«

»Dann ist sein Pinsel eben der Computer. Der Pinsel nimmt sich schon, was er braucht, auf ihn ist Verlass.«

»Das Bild ist immer klüger als der Maler, stimmt's?«, triumphierte Irmtraud.

»Ist das Bild denn wirklich das Ziel beim Malen?«, fragte der Maler Grützke.

»Was sonst?«, erwiderte ich.

»Seht ihr, das ist der Unterschied«, tönte Peter. »Der Künstler weiß, worum es geht!«

»Dann erklären Sie es mir …«, bat ich. Immerhin stellte er das Offensichtliche infrage. Peter schüttelte ausgiebig seinen kahlen Kopf.

»Das Bild bleibt übrig«, sprang ihm der Maler Grützke bei. »Das Bild ist der Abfall vom Forschungsweg. Die Erkenntnis der Welt ist das Ziel. Aber natürlich reden wir über das, was zu sehen ist, 's geht leider nicht anders.«

»Wenn die Bilder nicht das Ziel sind«, entgegnete ich, bemüht, meiner Stimme Festigkeit zu verleihen, »dann wäre ja das Ziel des Schreibens auch nicht die Erzählung oder das Gedicht?«

»Ich versteh' kein Wort!«, rief Helga.

»Die Bilder, die der Pinsel malt, sind klüger als der Maler«, tönte Peter.

»Unser Sokrates!«, rief Julia.

»Das hat mit Sokrates genauso viel zu tun wie mit dir und mir!«, sagte der Maler Grützke. Er hatte sich wieder aufrecht gesetzt und die Schlafmaske höher geschoben.

»Unser Meister sieht in jeder Seele einen Vertreter des gesamten Menschengeschlechts. Umso mehr gilt das für jede Figur, die er malt«, sagte Enrico. Seine Finger spielten auf den Klappen des Saxofons.

»Was sich im Bilderrahmen befindet, bedeutet die Welt! Das war früher so und ist es heute noch«, sagte Irmtraud trotzig, als hätte das jemand infrage gestellt. »Insofern ist es auch kein Widerspruch, wenn er sagt, er malt sich selbst als was auch immer und ist dabei stets die ganze Menschheit.«

»Hab ich das wirklich gesagt?«, fragte der Maler Grützke.

»Ich dachte, Peter hätte das von dir?« Irmtraud beugte sich vor und streichelte die Bettdecke über den Schienbeinen des Malers Grützke.

Enrico stieß einzelne Töne auf dem Saxofon hervor, als wollte er sich über das Gesagte mokieren.

Seit einer Weile wurde ich den Eindruck nicht mehr los, in eine Aufführung geraten zu sein, in der sich alles um Kunst drehen sollte, in Wirklichkeit aber – ja, was war es in Wirklichkeit? Was hielt mich in diesem Theater?

Diese Leute hier waren mir fremd. Aber sie waren mir schon eine Weile lang fremd, immerhin so lange, dass ich mich bereits an sie als Fremde gewöhnt hatte. Oder war das eine Ausrede? Fürchtete ich mich nur davor, mit leeren Händen nach Hause zu kommen, nichts kapiert zu haben und nicht zu wissen, was ich schreiben sollte?

»Was hat der Maler Grützke denn für einen Kunstbegriff?«, fragte ich ohne Rücksicht auf Enricos Spiel, gewillt, mich am eigenen Schopfe zu packen und aus dem Schlamassel zu ziehen. Andererseits: Sind es nicht gerade die einfachen Fragen, die zu stellen immer die größte Überwindung kostet? Und wer weiß, ob mich später nicht wieder der Zusammenhang hindern würde, zum Wesentlichen zu kommen.

»Möglicherweise«, sagte der Maler Grützke ernst, »hat wahre Kunst mit Kunst nichts zu tun.« Und nach einer kurzen Pause, in der Irmtraud schon zum Sprechen angesetzt hatte, fügte er hinzu: »Möglicherweise ist Kunst eine Beschilderung, um von der Sache abzulenken.« Und dann, lauter, fast beschwörend: »Wahre Kunst hat mit der Sache zu tun! Der Künstler sei sachlich!«

Noch während ich mitschrieb und Enrico ein oder zwei Takte einer Melodie spielte, abbrach und eine andere Melodie entstehen ließ, auch von dieser abließ und wieder neu begann, erhob sich Irmtraud.

»Wir sind genauso klug und genauso dumm, genauso großartig und genauso erbärmlich, genauso strebsam und genauso faul, genauso geschickt und genauso tollpatschig, genauso genau und genauso ungenau, genauso herrlich und genauso kläglich wie unsere Kollegen vor uns und wie die, die nach uns kommen werden«, deklamierte sie hastig, den Blick über unsere Köpfe hinweg nach draußen gerichtet. Nun, da sie offenbar am Ende ihres Textes angelangt war, sah sie Bestätigung heischend von einem zum anderen. Da erhob sich Peter.

»Die noch nichts von uns wissen, sollen von uns wissen, wollen von uns wissen! Unsere Gegenwart ist nicht das Ende der Geschichte! Sie ist der Anfang aller weiteren Geschichte!« Peter setzte sich wieder. Er hatte Talent für diese Art von Sprechgesang. Oder er hatte einfach mehr geübt.

»Sollen wir das Loch sein in der Menschheitsgeschichte?«, fragte nun der Maler Grützke und gab selbst die Antwort: »Füllt es auf! Seid nicht verzweifelt! Legt nicht die Hände in den Schoß! Habt Erbarmen mit den Kommenden!«

Wieder fuhr Peter in die Höhe: »Zeigt ihnen das Dokument Eurer Existenz! Macht es haltbar! Dauerhaft!«, rief er.

Ich wollte ihn fragen, ob für ihn Bilder ›Dokumente der Existenz‹ wären und folglich eben doch das Ziel der künstlerischen Arbeit. Der Maler Grützke kam mir zuvor: »Vertraut Euch! Seid wichtig!«, rief er, um dann, als erklärte er mir beiläufig etwas, fortzufahren: »Wir fragen uns ja gerne und rechtschaffen nach unseren Bezügen zur politischen – und was ist nicht politisch! – Umgebung und Bewegung. Denn alles, wirklich alles, zittert in uns mit, während wir dementsprechend in allem mitzittern.« Seine Schlafbrille saß schief, in Seeräubermanier bedeckte sie sein linkes Auge. »Wir alle sind lebendig!«, sagte der Maler Grützke. »Und unsere Verschiedenheit ist immer nur eine weitere Ausprägung des Lebens.«

»Ist das ein Stück?«, fragte ich.

»Was?«, fragte Helga.

»Na, die Texte, die Sie alle rezitieren.«

»Das sind unsere Ansichten, so denken wir«, sagte Helga, und Julia, ihre Tochter, nickte. »Auch Sie können gern Ihre Meinung kundtun. Was Sie denken, interessiert uns.«

»Was ist denn nun das Ziel der Malerei?«, fragte ich. »Wenn es die Bilder …«

»Jetzt kommen Sie doch nicht mit solchen Kinderkram-Fragen!«, unterbrach mich Peter. Enrico trieb die Melodie in die Höhe und endete mit einer Art Robbenschrei. Niemand applaudierte.

»Na, wirklich!«, echauffierte sich Peter und starrte auf mein Notizbuch. »Ich frage Sie doch auch nicht, warum Sie schreiben!«

»Das können Sie aber! Warum denn nicht?«

»Ersparen Sie uns die Antwort!«, sagte er und winkte ab.

»Unser Aufgehobensein in der Zeit«, sagte der Maler Grützke mit leuchtenden Augen, »ist wohl spürbar für Aufmerksamere, ist aber nicht das Ziel der Malerei – jedenfalls nicht für meinen Begriff von Malerei, da ist es einfach mit dabei.«

Er strahlte mich aus jungen Augen an, als erwartete er von mir irgendeine bestimmte Reaktion. Oder wollte er nur, dass ich mit dem Schreiben nachkam? Dann sah er neugierig wie ein guter Pädagoge in die Runde. »Nun müssen wir unserem Kollegen Schriftsteller aber auch eine Antwort auf seine Frage nach dem Ziel der Malerei geben«, sagte er.

»Jetzt fängst du auch noch an!« Peter hob beide Hände und ließ sie theatralisch auf seine Schenkel fallen.

Der Maler Grützke zog die Schlafmaske ein Stück von seinem linken Auge und ließ sie zurückschnipsen.

»Aua«, rief Julia. »Tut das nicht weh?«

»Vielleicht kommt jetzt mal was Politisches«, maulte Peter.

»Wir sind ganz schön unpolitisch geworden, findet ihr nicht? Und das bei diesem Maler.«

»Die Malerei ist nicht die Illustration des Politischen«, sagte ich, was allgemeines Gelächter hervorrief.

»Hört, hört!«, rief Julia, von der ich solch unverhohlenen Spott nicht erwartet hätte.

»Nota bene!«, schloss sich Irmtraud an. »Ich bin die Letzte, die das behaupten würde.«

»Die Malerei stellt dar, woraus politisches Geschehen besteht, und zwar in mehr oder weniger starken Symbolen«, begann der Maler Grützke. »Diese haben ihre Wahrheit, wenn sie interessieren. Es gibt jede Menge Versuche zu kraftvollen, wahrhaftigen Symbolen, nur wenige schaffen es, tatsächlich wahr zu sein. Na ja, man kann Wahrheit nicht wollen; Wahrheit erweist sich, meist zur eigenen Überraschung, später erst.«

»Könntest du das – oder Sie? – noch mal wiederholen?«, fragte ich.

»Wir brauchen Symbole, um mehr darzustellen, als wir selber darstellen können«, beschied mich Julia, als wäre das die hier allseits bekannte Quintessenz.

»Sie sind auch Malerin?«, fragte ich Julia, sie hatte ja von »wir« gesprochen.

Unwillig schüttelte sie den Kopf.

»Nicht nur die BRD ist die ganze Welt«, erklärte mir der Maler Grützke, »mein Atelier ist bereits die ganze Welt! Alles, was die Welt bedeutet, versammle ich im Atelier! Ausgestopfte Tiere, Büsten, Möbelstücke, Teppiche, mich selbst und meine Spiegel!«

Erst als der Maler Grützke eine Pause einlegte – das viele Reden strengte ihn sichtlich an –, bemerkte ich das Saxofonspiel.

»Ich weise diesem Gegenstand«, hob der Maler Grützke wieder an und deutete mit der Rechten zur Tür, »ich weise jenem

Gegenstand«, er deutete mit der Linken auf die Bettdecke, »die Aufgabe zu, ein Symbol zu sein.« Es kam mir so vor, als folgten seine Gesten dem Takt von Enricos Spiel. »Ich spreche sie diesem Gegenstand«, die Rechte, »ich spreche sie jenem Gegenstand«, die Linke, »wieder ab. Denn ich weiß: Es bedarf meiner Zuweisung nicht!«

»Man kann festhalten«, belehrte mich Irmtraud, »alles was uns Maler interessiert, das malen wir ab! Und warum interessiert es uns? Weil wir ihn spüren – den Symbolgehalt! Das ist's, was mich malen lässt.«

»Das ist's, was mich malen lässt!«, rief der Maler Grützke.

»Das ist's, was mich malen lässt!«, riefen Helga, Julia und Irmtraud. Auch Peter schloss sich dem Refrain an. Zur allgemeinen Belustigung rief auch Enrico in einer kurzen Pause: »Das ist's, was mich Töne blasen lässt!« Dann wiederholte er die zuletzt gespielte Phrase und endete mit einer Art Saxofon-Gewieher.

Hätte ich etwa einstimmen sollen in diesen Verkündigungsjubel? Allein die Vorstellung, ich könnte »Das ist's, was mich schreiben lässt!« rufen, war unerträglich. Doch in diesem Raum, das hatte ich nun verstanden, bestimmte der Maler Grützke, was Wirklichkeit war und was als angemessen zu gelten hatte.

»Je länger ich es betrachte, desto schöner finde ich das Bild«, sagte Julia, als hätte sie nie aufgehört, darüber zu sprechen.

»Das ist doch ein Witz, anhand einer Farbkopie zu urteilen!«, sagte Peter und winkte ab. »Noch dazu in einer Klarsichtfolie.«

»Ich mag die Ruhe, die von dem Bild ausgeht«, sagte Irmtraud. »Am liebsten möchte ich mich dazulegen.«

»Können wir ja machen«, sagte Peter.

»Was?!« Irmtraud schreckte von ihrem Stuhl auf, als habe Froschkönig sie geküsst.

»Nur hinlegen«, beschwichtigte Peter und fuhr sich mit der flachen Hand von vorn nach hinten über den Schädel.

»Aber nicht in dasselbe Bild!«, fauchte Irmtraud.

»Schreiben Sie das auch mit?«, fragte Peter mit einer halben Kopfwendung zu mir.

»Nur das mit dem Hinlegen«, sagte ich, »darf ich das verwenden?«

»Der Schriftsteller versteht mich!«, rief Irmtraud. »Und der ist keine Frau!« Mit einer Art Tanzschritt drehte sie sich um hundertachtzig Grad und setzte sich ans Fußende des Bettes.

»Der will ja auch gefragt werden, warum er schreibt«, maulte Peter. Erneut fuhr seine Rechte über den kahlgeschorenen Schädel.

»Ich hätte auch gern einen Platz in dieser Vorlesung«, sagte Julia, »probeweise, für eine Stunde oder eine halbe.«

»Probeweise?«, rief Enrico und lachte.

»Manchmal möchte ich sofort in eines seiner Bilder auswandern«, sagte Julia.

»Wohl gesprochen«, lobte Peter.

»Wenn ich nochmal was sagen darf«, meldete sich Helga zu Wort. »Schönheit ist in allem. Ein Baum kann schön sein, eine mathematische Gleichung, der Sternenhimmel, die Doppelhelix unseres Erbgutes … Schönheit ist Ziel und Resultat menschlicher Erkenntnis!«

»Donnerwetter, Helga!«, rief Peter.

»Ist er eingeschlafen?«, fragte Enrico und sah auf den Maler Grützke.

Auch Irmtraud, die mit ihren Armen das Fußende des Bettgestells umschlang, den Kopf auf die Armbeuge gelegt, hatte die Augen geschlossen.

»Vor zwei Tagen hat er sich ins Atelier fahren lassen. So eine ganz Hartnäckige hatte darauf bestanden, noch von ihm gemalt zu werden«, flüsterte Helga. »Stellt euch das mal vor, ›noch‹ hat sie gesagt, ›bevor's zu spät ist!‹«

»Es ist aber geglückt. Drei Stunden hat sein Pinsel gebraucht«, verkündete Peter.

»Leiser!«, bat Julia. »Er schläft.«

»Der doch nicht!« Peter reckte den Hals. »Siehst du nicht den Mund? Gleich lacht er wieder!«

»Pscht!«, machte Helga.

»Die Zeichnung, Julia!« Peter sprang auf. »Zeig doch mal!«

»Nein!«, rief Enrico. »Das dürfen wir nicht!« Er hatte sein Saxofon in den Instrumentenkoffer gelegt, streifte die Ärmel seines Hemdes nach unten und schloss gerade die Knöpfe um seine Handgelenke. Peter setzte sich wieder.

»Wollen Sie gehen?«, fragte ich.

»Ich sollte. Das heißt, ich muss.« Enrico trat heran und beugte sich über den Maler Grützke. Peter streckte die Beine von sich und platzierte seinen rechten Arm auf der Rückenlehne von Irmtrauds freiem Stuhl, über dem noch immer Enricos Jackett hing.

»Was Sie vorhin über Ziel und Resultat bemerkt haben«, sagte ich zu Helga, »dass Schönheit Ziel und Resultat menschlicher Erkenntnis sei, das gefällt mir! Nur scheint es mir mitunter so, als habe es unser System darauf angelegt, sofort draufzuschlagen, sobald sich Schönheit zeigt.«

»Das habe ich akustisch nicht verstanden«, flüsterte Helga.

»Er meint, bei uns sei alles miserabel«, sagte Peter. »Das Übliche halt.«

»So?« Helga lehnte sich überrascht zurück.

»Nein«, sprang mir Enrico bei. »Er meint, dass Effizienz und Profitmaximierung der Schönheit entgegengesetzt sind, so wie Fundamentalismen unfähig sind, Schönheit zu schaffen.«

»Gottogott!«, rief Peter und versuchte möglichst auffällig ein Gähnen zu unterdrücken. »Glaubt ihr denn, wir wüssten das nicht?« Er rutschte mit seinem Stuhl etwas vor, ohne Irmtraud dabei anzusehen.

»Nicht – so – laut!« Helga betonte jedes Wort. Sie zog ihre Hose glatt.

Julia, die darin offenbar eine Aufforderung erkannte, legte ihren Kopf in den Schoß ihrer Mutter, rutschte auf dem Stuhl hin und her und umschlang schließlich mit ihrer Rechten Helgas Knie. Helga strich ihr übers Haar.

»Für mich ist es immer etwas Besonderes«, sagte sie leise, »wenn man auf Schönheit trifft. Eigentlich steht doch für jeden von uns täglich die Frage, ob wir hier auf Erden was Schönes zustande bringen oder eben versagen.«

»Unter dem Aspekt – versagen wir immer.«

»Warum redest du so, Peter?« Vorsichtig setzte sich Enrico neben Irmtraud auf die Bettkante am Fußende, sodass er uns ansehen konnte.

»Was jemand von euch vorhin sagte, mit der Zuhörerin, der Figur in der Mitte«, begann Helga erneut. »Die Zuhörerin ist wie die Schwester von Scheherazade. Wisst ihr, was ich meine? – Sie ermuntert ihre Schwester immer wieder zu erzählen. Wenn es die Schwester nicht gäbe, sie heißt Dinasarad, die stets sagt:

›Ach, erzähle uns doch von deinen köstlichen Geschichten‹, hätte Scheherazade gar keinen Anlass zu erzählen, und ihr Herr Gemahl hätte sie spätestens nach der zweiten Nacht …« Helgas rechte Hand kreuzte blitzschnell ihren Hals, was heißen sollte, Scheherazade wäre die Kehle durchgeschnitten worden. »Aber weil es sie gibt, die Zuhörerin, ist alles anders. Deshalb überleben beide. Wo sonst, wenn nicht hier, sollte der Vorleser noch vorlesen können?«

»Und wenn er nicht da wäre?«, fragte ich.

»Wenn er nicht da wäre?« Enrico erhob sich wieder. »Sie wüssten doch ohne ihn gar nicht, was sie machen sollten. Sie haben ihn gerufen, sie haben ihn engagiert. Ohne Vorleser fiele der ganze Haufen auseinander!«

»Oder die Lauschenden würden sich gegenseitig auffressen«, sagte Peter, der plötzlich tieftraurig klang. »Kannibalen«, fügte er hinzu.

Im selben Moment rutschte das Blatt unter der rechten Hand des Malers Grützke herab. Peter bückte sich.

»Das sind wir! Ein Drache mit – sechs Köpfen!«

»Ein freundlicher Drache«, flüsterte Helga.

»Schreiben Sie darüber!« Peter reichte mir die Zeichnung.

Der Maler Grützke hatte uns porträtiert, wir waren gut erkennbar und sahen den Betrachter mit einer forschenden Dringlichkeit an. Peter und ich allerdings wirkten, als klagten wir über Zahnweh, das uns offenbar gleichzeitig überfallen hatte.

»Sieben, es sind sieben Köpfe. Seiner steckt auch drin … Seht ihr?«, sagte Helga.

»Das also bleibt von uns übrig.« Peter klang, als nehme er gerade für immer von uns Abschied.

Enrico beugte sich über den Maler Grützke und hielt den Handrücken vor dessen Mund. Wollte er prüfen, ob er noch atmete?

»Und?«, fragte Helga.

»Wir sind alle lebendig!«, sagte Enrico. Statt wie angekündigt zu gehen, setzte er sich auf den Boden zwischen der Stoffbahn und dem Servierwagen, Rücken und Kopf gegen die Wand gelehnt.

Julia lag noch immer da, den Kopf auf Helgas Schoß gebettet, die wiederum mit ihrer Linken deren Kopf stützte, um ihn vor dem Abrutschen auf ihre ausgestreckten Beine zu bewahren. Ihre Fußspitzen berührten die von Peter, der es sich – über zwei Stühle gelümmelt – bequem gemacht hatte. Irmtraud umschlang weiter das Bettgestell am Fußende.

Ich schob die Zeichnung über die Abbildung in der Folie und postierte sie, da ich nicht wusste, wo ich sie sonst hätte ablegen sollen, auf dem unteren Sims über dem Bett. Dann setzte ich mich neben Enrico auf den Fußboden, eine Wohltat für die Beine nach dem langen Herumstehen. Ich sah ein Paar Pantoffeln unterm Bett und daneben eine große Blaubeere. Es dämmerte.

Plötzlich saß der Maler Grützke wieder senkrecht. Behände und beinahe lautlos richtete er in seinem Rücken die Kissen. Und schon hatte er die Zeichenunterlage samt neuem Blatt parat. Unsere Blicke trafen sich. Abermals wusste ich nicht, ob er lächelte oder bereits die Anstrengung in seinen Mundwinkeln arbeitete. In dem Moment öffnete sich die Zimmertür. Ich war mir ganz sicher, dass Tanja eintreten würde, ja ich fand ihr Erscheinen derart folgerichtig, dass ich Tanja bereits im Zimmer zu sehen glaubte. Es war eine Hospizschwester. Ihr Blick ging über uns hinweg, sie nickte dem Maler Grützke zu und verschwand so lautlos, wie sie gekommen war.

Eine Weile verfolgte ich, wie sich der Maler Grützke immer wieder vorbeugte und mich mit einer Aufmerksamkeit ansah, als wollte er mir eine Frage auf Leben und Tod stellen. Dabei verdeckte sein Kopf die Zeichnung von uns hinter ihm auf dem Sims. Stets glitt sein Blick zurück aufs Papier, er zeichnete weiter und fuhr wieder auf, um seine forschenden Augen auf mich zu richten. Ich wunderte mich, wie angenehm es war, ihm bei der Arbeit zuzusehen, ihn zu betrachten, ohne dabei etwas sagen zu müssen. Draußen fuhr ab und an ein Auto vorbei, vereinzelt Vogelgezwitscher. Das Ticken des Weckers war zu hören. Und die Melodie, die Enrico leise vor sich hin summte. Und diese ewige Fliege – oder waren es jetzt zwei? Eine der Fliegen war zwischen Gardine und Scheibe geraten. Anfangs übertönte ihr Gesumm das Geräusch des Bleistiftes. Mit der Zeit aber schienen sich das Weckerticken und das Fliegengesumm zu verlieren. Auch Enrico verstummte nach einer Weile. Dafür trat das leise Kratzen des Stiftes immer deutlicher hervor. Schließlich schloss auch ich die Augen, weil ich hoffte, der Maler Grützke könnte mich dann besser sehen, ja im Grunde hatte ich den Wunsch, ihm auch mein Sehen zu überlassen, damit er mich noch besser erfasste. Womöglich lächelte ich sogar, als das Kratzen mein Ohr erreichte. Ich meine, das Kratzen des Stiftes war in meinem Ohr angekommen, es fand darin statt, weshalb es auch keiner Anstrengung oder besonderen Konzentration mehr bedurfte, um der beständigen Suche seines Stiftes auf dem Papier nicht nur mit dem Gehör, sondern, wie ich in diesem Augenblick verstand, mit allen meinen Sinnen, ja letztlich mit dem Körper selbst zu folgen.

Inhalt